버튼 터치 하트

버튼 터치 하트

이경전 +
전정호 지음

AI 시대,
생산과 소비
그리고

관계의 미래

Ⓝ 더난출판

모든 것이
하트♥를 위한 것이다

망치가 생겨서 두드렸을까? 두드리고 싶어서 망치를 만들었을까? 둘 다 맞을 것이다. 망치 이전에 돌망치가 있었다. 두드릴 일이 있어 돌망치를 사용했고, 돌망치를 보기 좋게 고치다 보니 우리가 아는 형태의 망치가 되었을 것이다. 이 새로운 망치를 본 인간은 이것을 사용해 무엇을 만들 수 있을지 생각했고, 그 결과 망치는 집을 견고하게 짓고 새로운 가구를 만드는 데 크게 기여하게 되었을 것이다.

필요가 도구를 불러 자연의 도구가 개량되었고, 이전에는 없던 새로운 도구가 생산에 사용되었으며, 이 새로운 도구와 생산이 새로운 소비를 창출했다. 돌망치와 돌도끼는 석기시대를 대표하고, 망치와 도끼는 철기시대를 대표한다. 그렇다면 지금 우리에겐 어떤 도구와 생산이 있는가? 그 도구는 어떤 새로운 것을 만들어낼 것인가? 그리고 이 모든 것은 무엇을 충족시키기 위한 것인가?

마셜 매클루언 Marshall McLuhan 은 화살은 손의 확장이고, 총은 치아의 확장이라고 설파했다. 화살은 토끼를 잡고자 하는 나의 손을 확장한 것이고, 총은 맹수를 잡지는 못하고 죽일 수밖에 없는 나의 치아를 확장한 것이라는 의미다. 이렇게 인간의 확장은 물리적 세계를 지배하는 데 사용되어왔다. 휴대전화는 나의 귀를 확장하여 상대의 입에 갖다놓았고, 나의 입을 확장하여 상대의 귀에 갖다놓았다. 카메라 역시 우리의 눈동자를 확장하여 내 앞에 상대의 눈동자를 갖다놓았고, 지금 우리는 지구 반대편에서도 손 키스를 보내며 영상 통화를 한다.

이렇듯 주로 실세계에서 활동하던 인간의 무대가 미디어를 통해 확장되었는데, 이제 그다음의 세계는 무엇이란 말인가? 그를 위해 지금 우리는 무엇을 준비해야 하는가? 에어컨에 카메라가 달려 있다. 그 앞에서 옷을 벗고 있으면 에어컨은 당신의 벗은 몸을 찍을 수 있다. 에어컨은 왜 당신의 사진을 찍는가? 에어컨은 카메라로 집 안을 둘러보면서 사람이 있는 곳으로만 찬바람을 보내는 기능을 갖게 되었다. 이미지를 인식하는 딥러닝(심층학습) 기법이 급격하게 발달했기 때문이다. 그러나 걱정하지 않아도 된다. 당신의 누드 사진은 인공지능 칩이 인식한 후 곧바로 폐기된다. 에어컨에 저장되지도, 클라우드로 전송되지도 않는다. 에어컨은 더는 눈먼 기계가 아니다. 인공지능 기술에 의해 시력을 얻었다. 에어컨의 확장이다.

그런가 하면 집 안에 있는 의류 스타일러의 문이 열리면 가족 중 누군가가 귀가했음을 알 수 있다. 스타일러에 장착된 와이파이 칩을 통해 문이 열렸다는 데이터가 클라우드로 전송되고, 클라우드가 내 스마트폰으로 그 사실을 알린다. 기계와 인간의 소통이다. "나 집에 왔어"라고 굳이 말할 필요가 없다. 스타일러 제조 회사는 사람들이 언제 집에 들어가고 언제 외출하는지 미루어 짐작할 수 있다. 이러한 정보가 클라우드에 쌓이고 있고 이에 기반하여 새로운 서비스가 준비되고 있다. 스타일러의 확장으로 어떤 서비스가 나오게 될지 상상해보라!

이렇게 인간이 스마트 디바이스를 이용해 실세계와 소통하고 미디어에 의해 넓혀질 뿐만 아니라 실세계 그 자체가 확장되어 서로 스마트하게 소통하는 세계가 오고 있다. 우리는 이를 세계의 확장, 즉 '확장된 세계Extension of the World'라고 명명한다. 세계는 현재 지구라는 행성과 이를 지배하는 인간의 사회로 이루어져 있으며 이 세계는 계속 확장되고 있다. 사람이 확장되어 새로운 사람이 되고, 사물이 확장되어 새로운 사물이 되고 있다.

매클루언이 미디어가 인간의 확장이라 했다면, 이제는 실세계 그 자체가 확장되어 새로운 미디어가 되고 전통적인 미디어가 실세계에 내재되고 있다. 이러한 변화는 인공지능과 사물인터넷으로 대표되는 새로운 소통 기술이 주도하고 있다. 매클루언이 말한 미디어의 정의가 변하고 있다. 이제 미디어는 인간의 확장이 아니라 인간과 사물을 모두 포함하는 세계의 확장이며 그 결과 세계가 미디어가 되고, 미디어가 세계가 된다.

집에 있는 광파 오븐에 원터치 '버튼'이 있다. 군고구마, 통삼겹살 등 모든 것이 '터치' 한 번이면 해결된다. 이렇게 만들어진 음식과 그 음식을 찍은 사진은 사람들에게 사랑, 즉 '하트♥'를 받는다. 광파 오븐 제조 회사는 고객의 허락을 받아 그 정보를 회사의 클라우드에 쌓는다. 이 정보는 음식 배달 사업자나 식재료 전자상거래 회사와 고객을 연결하여 새로운 서비스와 가치, 그리고 수익을 창출하는 데 사용된다. 이제 광파 오븐 제조 회사는 전기 오븐을 판매하는 제품 회사일 뿐 아니라, 고객의 평소 식습관을 반영하여 음식과 식재료를 추천해주거나 일정 기간마다 배달해주는 새로운 서비스 비즈니스 모델을 갖게 된다. 광파 오븐으로 음식을 만드는 레시피를 사고파는 비즈니스 모델을 가질 수도 있다.

이러한 일은 가전제품 회사가 빅데이터를 인공지능으로 분석하는 능력을 갖춤으로써 가능해진다. 제조 회사에서 서비스 회사로, 서비스 회사에서 빅데이터를 분석하는 인공지능 플랫폼 회사로 확장하게 되는 것이다. 이렇게 가전 회사는 자사 제품으로부터 발생하는 각종 데이터를 인공지능으로 분석하여 여러 파트너 기업들과 함께 사용자 중심의 서비스를 제공할 준비를 하고 있다. 가전제품을 만드는 회사가 미디어 기업으로 확장되고 있다.

이러한 세계의 확장은 새로운 생산과 소비, 소통의 방식을 만들어내고 있다. 이 책은 그러한 새로운 세계에서의 새로운 상호작용과 이를 통해 생겨날 새로운 가치를 설명한다. '버튼'은 새로운 세계를 상징하고, '터치'는 새로운 상호작용, 즉 소통의 방식을 표상하며, '하트♥'는 이를 통해 인간이 누리는 새로운 가치와 행복을 의미한다.

길을 걷다가 우연히 듣게 된 음악이 내 마음을 움직였다고 가정해보자. 우리는 곧장 스마트폰의 애플리케이션을 열어 화면에 있는 '버튼'을 '터치'해 어떤 음악인지 알아내고, 이를 인스타그램에 공유하여 친구들로부터 '하트♥'를 받는다. 이는 시작일 뿐이다. 실세계의 음악뿐 아니라 각종 정보, 콘텐츠, 제품, 장소, 행동 등의 콘텍스트 정보가 QR 코드와 콘볼루션 신경망Convolutional Neural Network 같은 광학 인공지능 기술, NFC Near Field Communication(근접 무선 통신) 태그, BLE Bluetooth Low Energy(저전력 블루투스 기술) 비컨Beacon(근거리 무선통신 기술), 스마트 버튼, 와이파이 같은 (사물) 인터넷 기술과 결합되어 사용자의 스마트 기기를 통과할 것이며, 이것이 생산자와 유통자, 소비자에게 공유되면서 비즈니스 모델의 변화를 일으키고 있다.

우리는 그동안 이러한 주제에 대해 연구해왔다. 인공지능과 전자상거래, 사물인터넷을 응용하는 비즈니스 모델을 연구하고 기업과 협업하고 직접 창업을 했다. 이경전은 미국인공지능학회AAAI(현재는 세계인공지능학회)가 수여하는 혁신적 인공지능 응용상을 국내 최초로 수상했다. 이후 국제전자상거래연구센터ICEC의 책임연구원으로 활동하면서 한국 최초의 3대 전자상거래 사이트 중 하나인 메타랜드의 전자상거래 시스템을 개발했고, 현재는 이 센터의 소장으로 일하면서 매년 국제 전자상거래 학술대회를 개최하고 있다.

우리는 전 세계에서 '비즈니스 모델'이라는 용어가 제목에 들어간 논문을 가장 많이 쓴 연구 그룹 중 하나다. SK 텔레콤, 네이버, 삼성전자 등 국내 유수 기업과 비즈니스 모델 관련 프로젝트를 수행했고, 인공지능 프로젝트에 참여하면서 많은 실무 경험을 쌓았다. 우리는 대학에서 비즈니스 모델의 개발과 평가에 관한 이론과 실제, 디지털 미디어 경영에 관한 이론과 실무적 이슈, 인공지능과 사물인터넷, 소셜미디어 등을 강의해왔는데, 그 강연들의 정수를 모아놓은 것이 바로 이 책이다.

처음에는 인공지능과 비즈니스 모델 따로, 사물인터넷과 소셜미디어 따로 연구했다. 그러나 이들은 서로 분리되는 것이 아니었다. 인공지능과 사물인터넷, 비즈니스 모델, 미디어가 모두 결합되어 새로운 제품과 서비스, 그리고 비즈니스 모델이 개발될 수밖에 없었다. 물리적인 제품이 나오면 그 제품은 사람과 서비스로 소통하고, 그 결과 데이터가 산출되며 고객의 반응이 피드백된다. 우리는 어떤 기술이 어떤 경우에 적합한지 연구와 사업을 통해 검증해왔고, 그 기술을 경제적 성과로 변환하기 위한 비즈니스 모델을 함께 연구해왔다. 그 과정에서 각종 기업의 제품과 서비스, 미디어, 비즈니스 모델을 연구했다. 이때 심도 있게 공부하고 연구했던 인공지능 기술과 사물인터넷 기술에 대한 이해와 구현 능력이 큰 도움이 되었다.

이 책은 이렇게 기술과 제품, 소통 방식과 서비스, 그리고 고객의 가치와 반응의 세 가지 요소가 결합되는 모습을 보여준다. 세상 모든 것이 사랑, 즉 하트♥로 귀결된다. 버튼이든 터치든, 제품이든 서비스든 미디어든 이 모두가 사람들에게 새로운 가치와 행복을 주기 위한 것이고, 또 그래야만 한다는 것을 인식해야 한다. 확장된 세계에서의 새로운 소통 역시 이를 위한 것이다. 이 책을 집필하면서 우리는 소위 기술 결정론에 빠지지 않으려 노력했다. 기술이 하트♥를 결정하는 것이 아니라 하트♥를 위한 기술을 결정해야 한다.

이 책은 10개의 장으로 나뉜다. 1장에서는 인간 상호작용의 역사를 조망하면서 우리 앞에 놓인 새로운 소통과 상호작용이 어떤 의미를 갖는지 다룬다. 2장에서는 실세계와 직접 소통하는 인간의 모습을 통해 실세계가 미디어로 확장되는 과정에서 사물인터넷이 어떻게 사용되는지, 자동화와는 어떤 관련이 있는지 살핀다. 3장은 제품이 스마트 제품으로 확장됨에 따라 어떤 변화가 일어나고, 서비스가 결합되면서 어떤 새로운 비즈니스 모델이 나타나고, 그렇게 탄생된 비즈니스 모델이 어떻게 대중에게 인정받게 되는지, 기업은 이에 어떻게 대응해야 하는지 알려준다. 4장에서는 포노사피엔스 고객이 무엇을 원하는지, 세계의 기업들이 변화하는 고객과 어떻게 만나고 있는지 소개한다. 5장은 모든 기업들이 서비스 기업으로 변신하는 과정을 설명하면서 생산과 소비가 어떻게 변하는지, 제조 회사가 어떻게 서비스를 제공하게 되는지 설명한다. 6장에서는 고객에게 서비스하는 과정에서 새롭게 주고받아야 할 것이 무엇인지, 그 내용과 보상 구조를 다룬다. 7장에서는 혁신에 있어 새로운 거래의 중요성을 설명하며, 새로운 거래와 고객을 만드는 방법을 O2O ^{Online to Offline} 비즈니스 모델과 네트워크 과학을 통해 엿본다. 8장을 통해 독자는 고객의 경험을 확장시키기 위한 다양한 기술의 탄생 과정과 그와 관련한 현재의 모습을 이해하고 미래를 조망할 수 있다. 9장에서는 상거래와 미디어가 통합되는 현장의 중요성과 거기서 산출되는 데이터에 따라 새롭게 나타날 비즈니스 모델의 가능성을 제시한다. 10장에서는 이렇게 확장된 세계에 대한 전망과 이미 나타나고 있는 전조들을 살펴본다. 마지막으로 후기에서는 개인과 기업, 그리고 국가가 어떻게 새로운 비즈니스 모델을 창조하고 전환할 것인지 같이 고민해본다.

우리가 두려움 없이 이러한 경험을 공유하는 것은 이 책을 읽는다면 사람들이 시행착오를 덜 겪으면서 미래로 한걸음 더 나아갈 수 있으리라고 생각하기 때문이다. 여기서 다루는 새로운 소통 기술에 의해 확장되는 세계와 이러한 세계에서의 새로운 비즈니스 모델, 새로운 경영 방법론을 통해 독자들이 미래에 좀 더 철저히 대비할 수 있게 되길 바란다.

이제 두툼하고 무거운 망치는 가볍고 세련된 버튼으로, 두드림은 터치로 변신하고 있다. 그러나 이 모든 것은 하트♥를 위한 것이다.

CONTENTS

소통의
역사

+1

새로운 연결이 시작된다

인류는 지구상에 등장한 이래, 그 대상이 무엇이든 간에 끊임없이 상호작용을 해왔다. 도구가 없던 시절에는 몸을 이용해 세상과 교류했다. 성경에 묘사된 에덴동산에서의 채집 생활이 대표적인 예다. 인류 최초의 미디어는 '춤'[1]이라고 하지 않는가? 오래전 인류는 오직 자신의 몸으로만 세상과 상호작용했다. 이러한 행위는 지금도 이어져서 모임과 축제, 그리고 대부분의 공연이나 뮤지컬 등에 춤은 여전히 주요한 수단으로 등장하고 있다. 춤은 과거에도 지금도 가장 효과적이고 효율적인 소통 행위다. 여러 사람과 이야기를 나누지 않고도 우리는 춤을 추는 모습을 통해 서로가 어떤 사람인지 알 수 있다. 대중 예술에서 춤은 메시지를 가장 효과적으로 전달하는 매개체의 역할을 한다.

구석기와 신석기, 청동기와 철기 시대, 그리고 산업혁명을 거치면서 인간은 자신의 몸을 사용해 도구 및 기계와 직접 상호작용을 했다. 20세기에 컴퓨터가 개발되면서부터 인간은 이 새로운 기계와 두뇌로 인지적 상호작용을 했다. 컴퓨터가 네트워크에 연결된 이후에는 웹과 모바일 애플리케이션 등을 통해 네트워크상에서 원격의 컴퓨터나 사람들과 가상으로 상호작용을 했다. 그다음은 무엇일까? 우리 인류에게 어떤 새로운 상호작용이 등장하고 있는가?[2]

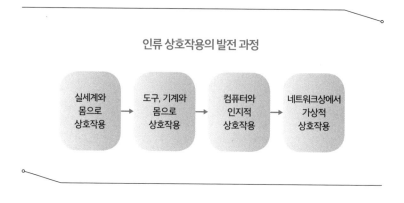

인류 상호작용의 발전 과정

실세계와 몸으로 상호작용 → 도구, 기계와 몸으로 상호작용 → 컴퓨터와 인지적 상호작용 → 네트워크상에서 가상적 상호작용

사회 발전의 역사는 연결성의 역사이며, 이는 곧 연결을 통한 소통의 역사이기도 하다. 제1차 산업혁명은 인간이나 동물에 의한 에너지 생산만이 아니라 증기기관에 의한 에너지 생산이 가능해짐에 따라 시작되었는데, 증기선이나 증기기관차가 운행되어 사람과 화

물을 더 적은 비용으로 먼 곳까지 연결해주었다. 제2차 산업혁명의 대표적인 성과인 대량생산은 발전소와 공장이 전기와 전력 네트워크를 통해 연결되면서 그 체제가 이루어졌다. 전기는 가정까지 연결되었고, 대량생산된 제품이 대중 매체를 통해 소비자에게 전달되며 대량소비의 시대가 되었다. 제3차 산업혁명은 컴퓨터 네트워크를 통해 정보가 흐르면서 일어났다. 이처럼 제1차 산업혁명은 철도 네트워크, 제2차 산업혁명은 전기 네트워크, 제3차 산업혁명은 컴퓨터 네트워크로 특징지을 수 있다.

제3차 산업혁명 시기에는 연결에 의한 발전상이 더욱 두드러진다. 1960~1970년대에는 대규모 조직에서 메인 프레임 컴퓨터와 기본적인 입출력 장치를 갖추고 제한된 기능만을 단순하게 수행하는 단말을 연결하는 형태로 컴퓨터 시스템을 사용했다. 1980년대에는 근거리 통신, 클라이언트 서버 구조, 개인용 컴퓨터 등의 등장으로 중소 규모의 조직에서 연결에 의한 정보화가 진행되었다. 그리고 1990년대에는 전화선을 이용한 PC 통신의 활성화와 인터넷의 상용화로 인해 기업이나 공공 부문 이외에서도 연결에 의한 정보화가 이루어졌는데, 이전과 달리 조직을 넘어 개인에게까지 범위가 확대되었다는 것이 특징이라 할 수 있다.

이러한 디지털 네트워크를 기반으로 하는 개인과 조직 사이의 연결은 인터넷 포털, 온라인 게임, 소셜미디어 등 새로운 비즈니스 모델을 가능하게 했고, 아마존, 야후, 구글 등으로 대표되는 인터넷 기업을 탄생시켰다. 그리고 2000년대에는 개인과 개인의 연결에 의한 정보 사회의 모습이 나타났는데, 페이스북이나 유튜브에서 유통되는 사용자 생성 콘텐츠[3]가 그 대표적인 현상이다.

연결의 관점에서 바라볼 때 1960~1970년대를 대규모 조직 내에서의 기계적 연결, 1980년대를 중소 규모 조직 내에서의 로컬 네트워크 연결, 1990년대를 개인과 조직 사이의 연결, 2000년대를 개인과 개인의 연결로 특징짓는다면, 근미래 사회는 어떻게 조망할 수 있을까?

사이버 공간은 허구다

1990년대 인터넷이 월드와이드웹으로 대중화되면서 사람들의 관심은 기존 오프라인에서 수행되고 있던 것들을 어떻게 온라인화할 것인가에 집중되었다. 도서관은 디지털 도서관을, 대학은 사이버 대학을 만들었다. 기존 오프라인 상점을 온라인화해 전자상거래를 만들었고, 세계 소매 유통의 15퍼센트 이상이 전자상거래로 바뀌었다. 사람들은 막연히 이렇게 오프라인의 활동이 온라인화되면서 머지않아 사이버 공간에서 생활하게 되리라 믿었다. 가상현실 기술이 발전해 실세계가 아닌 사이버상에 새로운 공간을 만들게 될 것이라고 생각한 것이다. 과연 그것이 가능할까?

텍스트, 이미지, 동영상 등 다양한 멀티미디어를 수용할 수 있게 만든 월드와이드웹은 사람들이 인터넷을 통해 서로 소통하는 서비스를 하나의 새로운 공간으로 인식하도록 만들었고, 이와 함께 사이버 공간이라는 개념이 통용되었다. 2000년대에는 '세컨드라이프'라는 기업이 등장해 사이버 공간에서 경제생활이 가능할 것이라는 비전을 제시하기도 했다. 미래 사회는 정말 사이버 공간으로 대표될 수 있을 것인가? 세컨드라이프가 출시된 지 오래지만 성공한 사례로 꼽히지 않는 것처럼, 사람들이 순간적인 오락을 위해 온라인 게임에서의 가상성을 즐기기는 하지만 경제생활까지 사이버 공간 내에서 유지할 가능성은 크지 않다.

TV가 처음 나왔을 당시, 사람들은 TV 안에 난쟁이들이 들어가 있는 것으로 생각했다. 뤼미에르 형제Les frères Lumière가 만든 최초의 영화 〈열차의 도착L'Arrivée d'un train en gare de La Ciotat〉이 상영되었을 때, 열차가 역에 도착하는 장면을 보던 관객들이 혼비백산해 영화관에서 뛰쳐나왔다는 일화는 사이버 공간에서 경제 활동이 가능해지리라 착각한 것과 크게 다르지 않다.[4] 실망스러울지 모르지만, 사이버 공간은 없다. 이는 우리만의 주장이 아니다. 2002년에 사이버 공간이라는 개념의 허구성 및 무용론을 주장한 김주환 연세대 교수의 글을 보자.

사이버 공간이라는 개념은 부적절할 뿐만 아니라 괜한 오해만 불러일으키는 은유다. …… 사이버 공간이란 현실 공간과 구분되어질 수 있는 어떤 별도의 공간이 아니다. 현실 공간에서 살아가는 사람들이 현실적인 법률 행위를 이제는 컴퓨터 등의 디지털 매체를 통해서 하게 된 것에 불과하다. 법률(불법) 행위의 수단이 되는 매체가 아날로그에서 디지털로 바뀐 것뿐이지 갑자기 무슨 새로운 공간이 생겨나고 그 공간 속에서 우리가 살게 된 것은 아니다.

우리가 전화로 어떤 계약을 맺었다고 해서 전화가 마련해준 '전화 공간'에 들어가 법률 행위를 하는 것은 아니다. 또 어떤 사람이 협박 편지를 보냈다고 해서 그것이 별도의 '종이 위의 텍스트'라는 공간에서 이루어진 협박인 것도 아니다. 모두 현실 공간에서 특정한 매체를 사용해 이루어진 법률 또는 불법 행위일 뿐이다.

마찬가지로 인터넷으로 채팅을 하는 경우나 전자 게시판에 글을 올리는 것을 굳이 별도의 '사이버 공간'에서 이루어지는 것이라 이해할 필요는 없다. 어떤 사람이 인터넷상의 게시판을 통해 타인에 대한 명예 훼손을 했다고 하자. 이는 현실 공간에 살고 있는 한 사람이 다른 사람에게 인터넷이라는 매체를 통해서 불법 행위를 한 것이지 현실 공간과는 구별되는 다른 '공간'에서 일어난 일은 아닌 것이다. 물론 그러한 명예 훼손은 인쇄 매체를 통해 이루어진 것과는 다른 여러 새로운 문제를 제기한다. 그러나 그것은 모두 디지털 매체와 그것이 운반하는 디지털 정보의 특수성에 대한 연구에서 해답을 얻어야 하는 것이지 존재하지도 않는 '별도의 규범 체계가 필요한 사이버 공간'에 대해 고민할 필요는 없는 것이다.[5]

우리의 생각도 김주환 교수의 생각과 같다. 이탈리아 변호사 안드레아 몬티Andrea Monti도 같은 주장을 한 바 있다.[6] 심지어는 사이버 공간이라는 말을 처음 사용한 소설가 윌리엄 깁슨William Gibson도 2000년에 제작한 다큐멘터리 〈이곳엔 지도가 없다No Maps for These Territories〉에서 이미 사이버 공간이라는 용어를 스스로 용도 폐기하고 있다.

내가 사이버 공간이라는 말을 만들었을 때, 그 단어에 대해서 내가 알고 있었던 것은 이 용어가 효과적인 유행어buzzword처럼 보인다는 것이었다. 그것은 어떤 것을 연상시키는 말이기는 했으나 의미는 없었다. 내가 만든 그 말을 내 책의 페이지에서 봤을 때, 그 말은 무엇인가를 제안하는 것 같긴 했지만, 심지어 나에게조차 실제로 의미론적 의미는 없었다.

옥스포드인터넷연구소의 마크 그레이엄Mark Graham 교수도 사이버 공간이라는 공간 은유가 정확하지도 않고 실익도 없다고 비판했으며,[7] 그 외에도 많은 사람들이 사이버 공간이 없다고 말하기 시작했다.[8]

이렇게 사이버 공간이라는 용어는 그것을 만든 사람은 물론 사려 깊은 학자와 법률가에 의해 그 용어와 개념의 실체와 실익이 거부당하고 있다. 단지 이미 많은 사람들에게 퍼져나가는 바람에 무비판적으로 수용되고 사용되고 있는 것뿐이다.

지난 30년이 오프라인상에서의 물리적 행동을 온라인화해온 시간, 즉 오프라인 프로세스를 온라인 프로세스로 바꾸는 과정이었다면, 앞으로는 30년간 구축해온 새로운 온라인 행동들이 오프라인에서 구현되는 일이 많아질 것으로 예상된다. 페이스북에서 '좋아요'를 누르는 행동을 우리는 스마트 버튼과 같은 오프라인의 사물을 누름으로써 수행하게 될 것이다. 오프라인 공간에서 고객의 자연스러운 참여를 이끌어내고, 이를 통해 새로운 경험을 선사하면 고객과의 관계가 강화된다. 이 과정에서 그 결과가 온라인으로 자연스럽게 확산되어 새로운 고객을 얻는 선순환 구조를 이룩할 수 있다. 지난 30년간 잠시 사이버 공간이 따로 존재하는 것처럼 착각해왔으나, '포켓몬 고'와 같이 온라인이 오프라인으로 확장되는 사례가 많이 나타날수록 사람들은 사이버 공간이 허구였다는 사실을 알게 될 것이다. 이제 오프라인이 온라인으로 변화한 것을 넘어 온라인이 오프라인으로 변화하고 있으며, 온라인과 오프라인은 상호 경쟁하며 협력하는 형태로 발전 중이다.

이러한 현상은 건축가이자 스페인 에사데ESADE 경영대학원 교수인 막스 보이소트Max Boisot의 아이스페이스i-Space 이론[9]을 통해서도 설명할 수 있다. 보이소트는 정보통신 기술이 발전할수록 정보가 덜 코드화되고 덜 추상화된 상태에서 확산된다고 주장했다. 그는 정보통신 기술의 발전으로 인해 두 가지 변화가 일어난다고 설명하는데, 하나는 지식이 코드화될 때 덜 추상화된 상태에서 파급 효과가 더 크다는 것이고, 또 하나는 지식이 코드화되는 경향이 약해지고 역시 덜 추상화된 상태에서 파급 효과가 더 크다는 것이다. 이 두 가지 변화는 공허 정보를 제공하는 관점에서는 점점 코드화와 일반화의 노력이 적게 들게 된다는 것을 의미한다.

　과거에는 어떤 오프라인 대상에 대한 선호를 표현하기 위한 방법이 거의 없었고, 기껏해야 그 대상물 옆에 직접 의견을 남기는 수준이었다. 즉 코드화하는 노력이 필요했다. 그러나 이제는 오프라인의 스마트 버튼을 누르는 것만으로 오프라인 사물에 대한 선호를 표현할 수 있게 되었는데, 이는 코드화나 추상화를 위한 노력이 불필요해지는 것을 의미한다.

　사이버 공간이 만들어질 것이라는 착각은 잠시 있었을 뿐이다. 그보다는 소통이 어디로 확대되는가를 주시해야 한다. 소통의 대상이 조직 내 사람, 조직과 조직, 조직과 사람, 사람과 사람을 넘어 사람과 실세계, 실세계와 실세계로 확대되고 있다는 점에 주목해야 한다. 인간이 사이버 공간에서 주로 활동하게 될 시대가 아니라, 실세계 그 자체와 새로운 방식으로 소통하고 상호작용하는 시대를 준비해야 한다.

스마트 기기에 눈과 귀가 달렸다

    사이버 공간에 대한 기대가 사라지고 온라인과 오프라인이 혼재하는 지금, 어떤 상호작용에 주목해야 하는가? 실세계와의 스마트한 상호작용을 통해 사람들이 사람, 사물, 공간과 끊임없이 소통하는 사회를 맞이하고 있다. 이는 사람들이 스마트폰과 같은 스마트 기기를 활용해 실세계와 상호작용하고, 실세계의 많은 제품과 공간들이 인공지능과 센서를 통해 사람들과 상호작용하는 것을 의미한다. 하루에 우리가 몇 시간이나 스마트폰을 지니고 있는지 생각해보자. 마셜 매클루언은 미디어는 '인간의 확장'이라고 했다.[10] 이제 스마트폰은 확장된 우리의 눈, 귀, 입, 손이다. 과거 우리는 세상과 자연 그대로의 사람으로서 소통을 했다면, 현재는 스마트 기기를 통해 소통하

고 있다. 즉 제품과 공간 모두가 스마트 기기와 연동할 준비를 해야
할 세상이 다가온 것이다.

확장된 인류 상호작용의 발전 과정

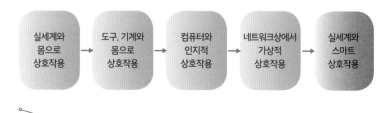

상점을 방문할 경우를 생각해보자. 예전에 우리는 눈으로 제품
을 본 후, 보다 자세한 정보를 얻기 위해 점원에게 묻거나 브로슈어
를 보곤 했다. 그러나 이제는 점원이 "무엇을 도와드릴까요?" 하고
접근하면 부담스러워하는 사람들이 많아졌다. 화장품 회사 이니스
프리는 이러한 고객들을 위해 색이 다른 두 개의 바구니를 준비했
다. 초록색의 '혼자 볼게요' 바구니를 든 고객에게는 점원이 말을 걸
지 않고, 주황색의 '도움이 필요해요' 바구니를 든 고객에게는 적극
적으로 응대하기로 했다. 이러한 모습은 '언택트 Untact '[11]라는 하나의
사회 트렌드로 선정되기도 했다.

그러나 이 정도만으로 기업의 의무가 끝나는 것은 아니다. '혼자

볼게요' 바구니를 든 고객에게도 서비스를 제공해야 한다. 또한 기업 입장에서는 어떤 고객이 우리 매장을 방문했는지, 고객이 어떤 제품에 관심을 갖는지 파악할 수 있는 방법이 필요하다. 상점에 스마트 버튼이 놓여 있고, 제품에 작은 전자 태그가 부착되어 있다고 생각해보자. 고객은 제품을 보다가 궁금한 점이 생기면 자신의 스마트폰으로 전자 태그를 터치한다. 그러면 고객의 스마트폰에 다양한 정보가 나타나고, 이를 그 자리에서 바로 친구와 공유할 수도 있다. 고객은 매장의 스마트 버튼을 눌러 매장 방문 사실을 알리고 할인 쿠폰을 받을 수도 있다.

이런 과정을 통해 기업은 어떤 고객이 방문했는지 알 수 있고, 고객들이 어떤 제품에 관심을 갖는지도 파악할 수 있으며, 매장을 떠난 고객과도 지속적으로 커뮤니케이션할 수 있는 채널을 확보하게 된다. 즉 사물인터넷, 인공지능, 증강현실, 광학기술과 같은 기술로 스마트한 소통이 가능해지고, 이를 기반으로 실세계와 스마트한 상호작용을 하게 되며, 이는 온라인과 오프라인이 연계 및 통합되는 비즈니스 모델의 기반이 된다.

네덜란드 저술가 아르엔 뮐더르Arjen Mulder는 미디어를 하나의 대상을 다른 것으로 연결하는 매개체의 역할을 하는 것으로 정의한다.[12] 앞서 살펴본 상점의 경우에는 상점의 공간과 제품 자체가 고객-사업자-공간-제품을 연결하는 미디어의 역할을 수행한다. 기존의 상점 공간이나 제품은 제품이 진열되어 있는 공간 자체이거나 고객에게 판매되는 제품 자체였을 뿐 미디어의 역할을 수행하지는 못

실세계와의 스마트한 상호작용

온·오프라인
연계, 통합
비즈니스 모델

+

실세계와
스마트 상호작용
상호작용

+

사물인터넷
광학기술
증강현실
인공지능
...
기술

했다. 그 이유는 공간과 제품이 '표시의 기능'만 했을 뿐 '소통의 기능'을 갖지 못했기 때문이다. 그러나 스마트 버튼이나 전자 태그 등 일종의 디지털 링크가 공간과 제품에 적용되어 소통의 기능을 가지면서 미디어, 특히 하이퍼미디어로 재탄생하게 된다.

1990년대에 급속히 보급된 월드와이드웹은 그 기본이 하이퍼텍스트였다. 기존의 텍스트에는 연결의 기능이 없이 표시의 기능만 있었는데, 하이퍼텍스트에는 링크가 들어가 텍스트가 연결의 기능을 갖게 된 것이다. 기존의 실세계는 존재의 의미만을 가졌다면, 앞으로의 실세계는 링크가 붙은 미디어로서의 의미도 갖게 되는 것이다. 인간은 하이퍼텍스트를 마우스로 클릭하거나 스마트폰의 화면을 손으로 터치하는 형태로 소통의 경험을 확장해왔다. 이제는 실세계를 자신의 손으로 직접 만지면 실세계가 나의 신체뿐만 아니라 나의 스마트 기기와도 상호작용하는 시대가 온 것이다.

　미디어 이론가 제이 데이비드 볼터Jay David Bolter와 리처드 그루신 Richard Grusin은 미디어가 주는 2대 효과를 투명성Transparency과 하이 퍼매개Hypermediation로 설명했는데,[13] 기존 미디어의 대부분이 투명성 또는 즉시성Immediacy 효과를 갖는다면 월드와이드웹의 하이퍼텍스 트는 하이퍼매개의 대표적인 예라 할 수 있다. 그런데 앞으로는 실 세계가 존재 그 자체로서 투명성 또는 즉시성의 효과를 보여주게 되 고, 더 나아가 그 실세계에 내재된 링크를 통해 하이퍼매개를 하는 미디어가 될 것이다. 그리고 링크는 처음에는 단순한 링크로 출발하 지만, 한번 연결되기 시작하면 계속 발전되어 강력한 상호작용의 통 로를 형성하게 된다.

우연한 만남이 가치를 만든다

    왜 실세계를 미디어로 만들까? 왜 실세계가 미디어가 되어야 할까? 앞서 말한 바와 같이 미디어는 인간의 확장이다. 실세계의 미디어는 본질적으로 실세계를 만들고, 소유하고, 사용하는 사람의 확장이다. 예를 들어 우리 앞에 어떤 그림이 있다고 생각해보자. 기존에는 이 그림이 스스로를 설명하지 못했다. 즉 스스로 확장하지 못했다. 우리와 이 그림은 새로운 관계를 맺을 수 없었다. 물리적으로 소유하는 것 외에는 관계를 설정할 방법이 없었고, 그림을 충분히 감상했더라도 그것은 휘발되고 마는 순간의 경험일 뿐이었다. 많은 사람들이 거리에서 그저 옷깃을 스쳐지나고 마는 것과 같이 우리와 이 그림은 스쳐지났다. 사진을 찍어 간직할 수 있을지 모르지만 우리의 인연은 거기서 끝이다.

음악은 어떤가? 샤잠Shazam, 사운드하운드SoundHound, 네이버 음악 검색 등이 없던 시절, 카페나 술집에서 좋은 노래가 나오면 그 곡을 부른 가수가 누구인지, 제목은 무엇인지 알 수 있는 유일한 방법은 가게 주인에게 물어보는 것밖에 없었다. 그나마도 라디오에서 흘러 나온 것이라면 디제이가 제목을 다시 한 번 말해주지 않는 이상 알 수 있는 방법이 없었다. 즉 한번 흘러가고 나면 우리와 음악의 관계 는 끊어지고, 다시 만날 기약도 없는 것이다. 이것은 우리 모두에게 손해다. 음악을 듣는 사람은 아무런 정보도 얻지 못했기에 그 좋은 음악을 계속 즐길 기회를 잃었고, 그 음악을 만든 사람은 좋은 팬을 얻을 기회를 놓친 것이다.

그러나 실세계가 미디어가 되면 이렇게 아쉬운 일들이 많이 사라 질 것이다. 실세계에서 일어나는 세렌디피티Serendipity, 즉 기대하지 않았던 우연한 만남이 새로운 관계맺음Engagement, 인연이 되어 가치 를 창출할 것이다. 이를 통해 우리 삶은 더욱 풍성해지고, 실세계의 장소, 사물, 콘텐츠는 더 많은 사람들과 인연을 맺을 기회를 얻게 될 것이다. 물론 그것이 강제적인 형태가 되어서는 안 된다. 사용자가 능동적으로 선택할 수 있어야 한다. 손과 발이 확장되는 것에 따른 편의를 인간이 자유롭게 향유하는 것이다.

우리가 여기서 한 번 더 생각해보아야 할 것은 실세계가 미디어 가 되는 것은 단순히 사물이나 공간 자체의 확장이 아니라 사물 및 공간 소유자의 확장 관점에서 살펴야 한다는 것이다. 예를 들어 가전제품 회사가 미디어의 역할을 수행할 수 있는 스마트 세탁기를 만들었다고 하자. 이는 겉으로 보기에 기존 세탁기가 미디어로 변화한 것이지만, 사실은 세탁기 제조 회사, 세탁기 유통 회사, 세탁기 사용자가 확장되는 것이다. 세탁기에 부착해 세제를 자동으로 주문할 수 있는 아마존의 '아마존 대시 버튼Amazon Dash Button'은 이를 통해 세탁기가 미디어의 역할을 수행하는 것으로 보이지만, 사실은 세제 제조 회사, 세제 유통 회사가 확장되어 가정으로 들어오는 것으로 이해해야 한다.

실세계가
미디어가 된다

+2

사물인터넷을 제대로 이해하는 법

우리는 이 책에서 '사물인터넷IoT, the Internet of Things'이라는 용어를 종종 사용할 것이다. 스마트한 소통을 위한 핵심 기술 중의 하나이기 때문이다.

사물인터넷이 무엇인지 이해하기 위해서는 '사물'에서 출발하기보다는 '인터넷'에서 출발하는 것이 좋다. 인터넷이 전 세계의 컴퓨터를 서로 소통하도록 만든다는 생각이 실현된 것이라면, 사물인터넷은 이제 전 세계의 사물들을 '컴퓨터로 만들어' 서로 소통하도록 만든다는 생각을 실현하는 것이다. 컴퓨터는 본래 전원이 있고 칩이 있고, 이것이 통신 장치와 프로토콜을 갖게 되어 연결된 것이다. 그렇다면 이제는 전원이 있었던 전자 기기(밥솥)나 기계(자동차)는 그 자체로, 전원이 없었던 일반 사물들은 새롭게 센서와 배터리, 통신 모듈이 부착되면서 컴퓨터가 되고 이렇게 컴퓨터가 된 사물들이 그들 간 또는 인간의 스마트 기기와 네트워크로 연결되는 것이다.

현재의 인터넷과 사물인터넷의 근본적인 차이는 무엇인가? 사물인터넷의 정의로 자주 사용되는 '수십억 개의 사물이 서로 연결된다'는 설명은 그리 유용하지 않다. 혹자는 사람이 개입되는 것은 사물인터넷이 아니라고 이야기하면서 엄격한 M2M Machine to Machine이라는 개념에 근거해 설명하기도 하고, 사물인터넷이 실현되려면 사람만큼 사물이 판단할 수 있어야 한다고 주장하면서 사물의 지능성을 중심에 두는 경우도 있는데 두 가지 모두 그릇된 것이다. 사물인터넷을 제대로 이해하려면 기존 인터넷과의 차이점에 주목하기보다는 오히려 공통점을 인식하는 것이 더 중요하다. 컴퓨터를 서로 연결하는 수준에서 출발한 것이 원래의 인터넷이라면, 이제는 사물 각각이 컴퓨터가 되고, 그 사물들이 인간 각자가 지닌 컴퓨터, 즉 스마트폰, 스마트 워치 등과 서로 소통하는 것이다.

세상 사물은 대부분 누군가의 소유물이다. 하다못해 길거리에 있는 흙도 함부로 퍼갈 수 없으며, 동네 옆을 흐르는 실개천의 물도 마음대로 사용할 수 없다. 집 밖에 나가면 존재하는 모든 것이 타인의 소유물이거나 공공의 소유물이다. 길가의 전봇대, 쓰레기통, 가로등, 우체통, 보도블록, 돌담…… 이 모든 것에는 소유권이 있다. 우리는 인터넷을 통해 연결되는 사물이 누군가의 소유물이라는 사실을 깊이 인식할 필요가 있다. 이 사물들은 스스로의 필요에 의해서가 아니라 소유한 사람들의 필요와 이익에 근거해 점차적으로 인터넷과 연결될 것이다.

길가의 쓰레기통을 예로 들어보자. 이 쓰레기통은 왜 인터넷에 연결되어야 하는가? 이 쓰레기통 각각이 내 스마트폰, 내 체중계, 내 TV와 소통할 필요가 있는가? 그럴 수도 있고 그렇지 않을 수도 있다. 소통 여부는 쓰레기통의 소유주와 스마트폰의 소유주, 즉 나의 필요와 이익에 따라 결정된다. 쓰레기통은 아마도 구청의 소유일 것이다. 그러면 그 쓰레기통은 해당 구청의 환경 시스템과 연결될 수 있을 것이다. 연결된 쓰레기통은 자체 센서가 있어서 현재의 쓰레기 양을 측정하고, 이를 주기적으로 구청의 환경 클라우드나 블록체인에 보고할 수 있을 것이다. 쓰레기통은 지능을 가질 필요가 없고, 그 지능이라는 것도 사실 애매모호하다. 자신이 알아서 할 필요도 없다. 어차피 쓰레기통은 사물이고, 그 사물은 소유주인 구청의 이익을 위해 존재하며, 구청은 국세와 지방세 등 세금을 내는 구민의 이익을 위해 봉사하는 법인일 뿐이다. 결국 쓰레기통은 스스로 존재하는 법적 개체가 아니므로 지능을 가질 필요가 없다. 그래서 사물인터넷에서 사물의 지능성을 논의하는 것 자체가 어불성설인 것이다.[1]

여기서 중요한 주체는 구민으로부터 권력을 위임받은 구청이다. 구청은 구청의 소유물인 쓰레기통을 인터넷으로 연결해 쓰레기가 많이 찼다고 파악되면 그것을 치우면 된다. 예전처럼 구청 인력들이 일일이 쓰레기통을 열어보고 확인할 필요가 없다. 쓰레기통이 주기적으로 보내는 정보를 통해 어느 정도 채워졌다고 판단이 되면 그때 전체적인 효율성을 고려해 쓰레기통을 비워서 구민들이 쾌적한 삶을 살 수 있도록 봉사하면 되는 것이다.

미디어의 사물화, 사물의 미디어화

우버나 카카오 택시가 등장하기 전에 개인과 자동차는 서로 소통하거나 말하지 못했다.[2] 몇십 미터 앞에 택시를 타려고 하는 손님이 있는데, 택시 기사는 그런 사실을 모르고 지나칠 수밖에 없었다. 그때 우리가 할 수 있는 일이란 소리쳐 부르거나, 손을 흔들면서 뛰어 그 택시 기사가 나를 알아보도록 하는 것이 전부였다. 택시 기사에게 의사를 전달하는 수단은 목소리나 손발, 즉 나의 몸뿐이었다. 스스로 몸을 사용해 택시 기사에 도달해야 하는 것이 전통적인 택시잡기다. 이는 택시 기사도 마찬가지로, 예전에는 오로지 눈과 감에 의지해서만 손님을 찾아냈다. 택시 정류소에서 기다리거나 천천히 주행하면서 주변에 택시를 기다리는 사람이 있는지 살폈다. 원시시대에 사냥할 동물을 찾는 인간의 모습과 크게 다를 바가 없다.

그러나 우버의 시대, 카카오 택시의 시대는 다르다. 택시 기사와 손님이 서로에게 다가갈 수 있는 도구가 생긴 것이다. 미디어는 인간의 확장이라는 매클루언의 명쾌한 설명에 따르면 다음과 같다. 나의 목소리, 손발은 카카오 택시 애플리케이션에 의해 확장되어 택시 기사의 눈 또는 귀 앞에 놓인다. 택시 기사의 입장에서 설명하면, 그의 눈이 확장되어 근처의 많은 사람들 앞에 동시적으로 놓인다. 그 눈은 누가 택시를 원하는지를 병렬 처리 방식으로 찾아내는 확장된 눈이다.

이렇게 미디어는 그 정의상 '다른 것에 도달하게 하는 수단^{a means reaching others}'인데, 우리 인간의 몸이 기술에 의해 확장되어 다른 것에 도달하게 하는 최근의 예가 바로 우버나 카카오 택시인 것이다. 이러한 서비스는 오프라인의 사물인 택시를 온라인의 택시 애플리케이션을 이용해 찾아내는 것인데, 이를 택시 관점에서 보면 택시가 미디어가 되는 현상으로 볼 수 있다. 더구나 우버나 카카오 택시와 같은 거대 플랫폼에 기반한 서비스가 아닌, 블록체인을 기반으로 한 '아케이드 시티^{Arcade City}'나 '라주즈^{La'Zooz}'와 같은 서비스가 활성화된다면, 이제는 우버가 아니라 택시 그 자체가 미디어가 될 것이다. 예를 들어 택시 기사와 승객이 택시 기사들 간의 끼리끼리^{P2P, Peer-to-Pee} 네트워크에 의해 연결되면, 탑승 고객은 블록체인에 접속해서 택시를 찾을 수 있다.

일기 예보 또는 날씨 정보를 예로 들어보자. 30년 전의 날씨 정보는 TV 뉴스 시간에 기상 통보관이 알려주는 것이 가장 세련된 방식이었다. 당시 기상 통보관은 전국적인 미디어 스타였다. 종이 신문은 내일 날씨를 예측하는 기사를 냈다. 그러나 오늘날 사람들은 인터넷 포털 사이트에 들어가거나, 날씨 애플리케이션을 이용하거나, 스마트폰의 인공지능 비서를 통해 또는 페이스북 친구의 소식을 통해 수시로 날씨 정보를 얻는다. 정보를 얻는 수단으로서 기존 TV나 종이 신문에 의존하는 경우는 점점 줄어들고 있다. 사물이 미디어가 되는 시대에는 이러한 날씨 정보를 집 안의 온도 조절기가 제공할 수 있고, 가정용 로봇이 출근길에 알려줄 수 있으며, 인공지능 스피커가 그 역할을 대신할 수도 있다. 날씨 정보의 전달 경로에도 이렇게 사물이 미디어가 되어 개입하는 것이다.

미디어가 사물이, 사물이 미디어가 되는 시대가 도래하고 있다. 카카오 택시가 전통적인 콜택시 서비스 산업을 단박에 위기에 빠뜨린 것처럼, 카카오 대리운전이 전통적인 대리운전 연결 산업을 위협하는 것처럼, 사물이 미디어가 되면 전통적인 중개 사업은 점점 궁지에 몰리고 말 것이다. 맛집, 좋은 가게, 좋은 관광지 등을 소개하던 종이 잡지는 이제 각 분야의 스마트폰 기반 서비스에 의해 그 자리가 위태롭다. 이러한 발전은 전통적인 미디어 산업, 유통 산업이 가지고 있던 시장을 쥐가 치즈를 훔치듯 야금야금 빼앗아가고 있는 실정이다.

여기서 미디어 산업과 유통 산업을 같이 설명하는 이유는 커뮤니케이션이라는 단어의 어원에서 찾아볼 수 있다. 매클루언에 의하면

'커뮤니케이션Communication'은 원래 물류를 뜻하는 말이었다. 그러다가 전신의 발명으로 물류의 이동을 뜻하는 단어로, 정보의 이동을 뜻하는 단어로 사용되었다. 결국 물류를 중개하는 유통 산업이나 정보를 중개하는 미디어 산업은 본질적으로 같은 비즈니스 모델을 갖는 것이다.

인간의 확장과 사물의 확장

미디어가 사물이 되고 사물이 미디어가 되는 상황에서 기존 미디어 산업, 중개 산업은 어떤 전략을 취해야 할까? 화장품 유통 산업을 예로 들어보자. 지금 대부분의 화장품 유통 산업은 온라인 매장과 오프라인 매장이 제대로 통합되어 있지 않다. 어떤 화장품 회사의 오프라인 매장 A에 고객이 방문했는데, 원하는 제품이 없다고 하자. 매장 A는 근처의 다른 매장 B의 재고를 검색해 고객이 그곳에서 구입하도록 안내할 수 있지만 그렇게 하지 않는다. 매장 A와 매장 B가 경쟁 관계에 있기 때문이기도 하고, 매장 재고 시스템이 제대로 갖추어져 있지 않거나 서로 소통하지 않기 때문이기도 할 것이다.

매장 A는 고객이 온라인 매장에 접속하는 것을 도와주고 거기서 원하는 제품을 구매하게 할 수도 있다. 그러나 역시 그렇게 하지 않는다. 오프라인 매장은 온라인 매장과 한 회사임에도 불구하고 경쟁 관계에 있고, 온라인 구매를 연결해주는 것이 오프라인 매장에 어떤 이익도 되지 않기 때문이다. 이러한 상황은 고객에게 불편을 주고, 그 기업의 주주 관점에서 볼 때도 올바른 비즈니스 프로세스가 아니지만 현실은 그러하다. 이와 같은 문제를 해결하는 것은 쉬워 보이지만 대부분의 기업에서 제대로 이뤄지지 않고 있다. 기술과 제도가 같이 발전해나가야 해결할 수 있는 문제이기에 더욱 그렇다. 그러나 이런저런 핑계를 대면서 미적거리는 동안 새로운 기업들이 탄생해 기존 미디어 산업과 유통 산업을 위협할 수도 있다.

이러한 관계를 뛰어넘어 이제 제품 그 자체가 미디어가 되는 시대가 다가오고 있다. 화장품의 예를 다시 보자. 화장품 용기에 전자 태그가 붙으면 컴퓨터가 되고, 이것이 인터넷에 연결되면 미디어가 될 수 있다. 어떤 사람이 친구가 사용하는 화장품 용기에 붙어 있는 전자 태그를 스마트폰으로 터치해 그 화장품에 대한 부가 설명과 고객 반응을 확인하고 제품을 온라인으로 구매하면, 원래 그 화장품을 갖고 있던 소유자, 즉 친구가 마케팅 대가로 인센티브를 얻도록 할 수 있다. 이와 같은 방식은 구인구직, 룸메이트, 파트너십 등 다양한 분야로 확장될 수 있다. 그 결과 사람들이 사물, 제품과 직접 소통하면서 정보를 전달받고 바로 구매할 수 있는 새로운 미디어, 중개 환경이 정착하게 될 것이다.

인터넷이 대중화되고 급속도로 보급되자 다양한 산업들이 온라인으로 전환했다. 그 과정에서 기존 사업을 온라인화하는 것도 중요하지만, 새로운 온라인 회사들이 기존 산업을 파괴하면서 또 다른 산업을 창조한다는 사실을 알게 되었다. 이와 마찬가지로 실세계가 미디어가 된다는 전망에 근거해, 기업과 창업가들은 미디어가 어떻게 실세계에 존재하는 각종 개체에 내재되어 사용자의 반응과 가입을 유도하고, 거래 당사자의 만남을 주선하고, 거래를 성사시키며, 그 과정을 다시 전파시키도록 할지 그 방법과 전략을 새롭게 연구할 필요가 있다.

재차 강조하지만, 이제는 사물이나 제품 자체가 미디어가 되는 길이 열리고 있다. 즉 사람들은 스마트폰을 가지고 있고, 실세계의 공간과 제품 등에는 링크가 내재됨에 따라 사람과 사물 간의 스마트한 상호작용이 가능해진다. 이를 통해 사물과 실세계를 미디어로 만

스마트 기기를 가진 사람과 미디어로 확장된 사물의 상호작용

드는 산업, 제품이 스스로를 설명하게 하고 스스로를 판매하게 하는 산업, 사물에 미디어가 파고들어가 미디어 스스로 확장되는 산업 등이 새롭게 등장할 것이다. 매클루언이 정의한 인간의 확장으로서의 미디어는 이제 인간과 사물의 확장으로, 정확하게는 사물 생산자와 사물 소비자의 확장으로 그 개념이 더욱 커지고 있다.

일상이 스마트해지고 있다

　자동화란 말 그대로 스스로 움직이는 것이다.[3] 물론 말 그대로의 자동화 기기는 아직 세상에 없고, 앞으로도 그럴 수 있다. 자동문을 예를 들어보자. 현재의 자동문이란 사람이 다가가면 열리는 문이다. 이 문은 스스로 움직이는 것처럼 보이지만 사실 센서가 있고, 이 센서가 다가오는 물체를 감지해 문을 작동시킨다. 즉 자동문은 내용적으로는 센서에 전달되는 데이터의 조건에 따라 문을 여는 기계로, 일종의 스마트 제품이라 할 수 있다.

　그런데 그 센서의 인식 범위가 넓어지거나 어떤 기계가 다른 개체와 통신하는 길이가 길어지면, 그것은 스마트 제품이기보다는 연결된 제품으로 간주된다. 인식은 소통이다! 쉽게 말하면 센서의 인식 범위가 좁은 상태에서 작동되면 스마트 제품으로, 통신 길이가 길어지면 연결된 제품으로 인식되는 것인데, 본질적으로 그 둘은 같다. 원칙적으로 스마트하다는 것은 존재하지 않고 본질적으로는 소통만이 있는 것이다. 다시 자동문으로 돌아가면, 자동문은 자동인 것 같지만 자동이 아니라 짧은 연결 또는 짧은 거리의 인식 또는 통신을 통해 움직이는 연결된 문이다. 따라서 본질적으로 자동문은 스마트문인 동시에 소통하는 문으로, 결국 문이 확장된 것이다.

본질은 이러한데 현상이 그렇지 않게 보이는 것이라, 사실은 소통하는 문이 자동문으로 불리게 되었다. 그 결과 자동화라는 말이 앞에 나서게 되었고, 그것이 이제는 '스마트화'라는 말로 불리면서 사람들은 무언가 스마트한, 자동화된 기기를 개발해야 하는 것으로 생각하게 되었다.

스마트홈도 말 그대로 가정을 스마트하게 하는 것이다. 예전에는 홈 네트워킹Home Networking이라 불렸고, 더 이전에는 가정 자동화Home Automation라고도 불렸으니, 기술의 발전과 그 기술이 부여하는 가치에 따라 이름이 변한다는 간단한 사실을 확인시켜주는 분야이기도 하다. 이름에서 보듯이 스마트홈은 처음에는 가정의 기기들이 개별적으로 자동화되는 것을 지칭했으나(가정 자동화) 이후 가정의 기기를 연결하는 것으로 진화했고, 이제는 가정 기기들이 스마트화하면서 서로 연결되고 이러한 과정에 의해 가정이 스마트해지는 것을 의미하게 되었다. 더 정확하게 이야기하면 가정의 기기들이 스마트해지고 서로 연결되는 것을 말한다.

제품이 스마트 제품으로 변함에 따라 기업의 경쟁과 비즈니스 모델의 혁신이 중요해졌다. 기업 내부의 디지털 네트워킹으로 일하는 방식이 변화해 BPR Business Process Reengineering(업무 프로세스 재설계)이 이루어지고, 기업 바깥의 디지털 네트워킹으로 기업의 비즈니스 모델이 변화한다. 그런데 이제 스마트 제품으로 인해 기업의 일하는 방식이 다시 변하는 상황에 이르렀다. 이와 마찬가지로 가정 역시 기업이 겪은 일하는 방식의 변화와 비즈니스 모델의 변화를 급격하게 겪게 되는 순간에 와 있다. 즉 가정 내의 디지털 네트워킹과 가정과 외부 개체와의 디지털 네트워킹이 동시에 일어나면서 가정 내에서의 일하는 방식인 가정의 BPR과 가정이 다른 외부 개체와 일하는 방식인 가정의 BMI Business Model Innovation(비즈니스 모델 혁신)가 한꺼번에 압축적으로 일어나는 것이다.

제품이
미디어가 될 때

+3

제품과 서비스, 어떻게 변화할 것인가

2014년 8월 우리는 사물인터넷을 통한 기업 환경과 제품의 변화에 대한 글을 발표했다.[1] 몇 개월 뒤인 2014년 11월 세계적인 경영학자 마이클 포터Michael Porter와 소프트웨어 회사 PTC의 CEO 제임스 헤플만James Heppelmann은 《하버드비즈니스리뷰》를 통해 제품이 스마트 제품Smart Connected Product[2]으로 변하고 있으며, 이러한 변화가 제조업의 경영과 기업 간의 경쟁에 어떤 영향을 미칠 것인가를 설명했다.[3]

이 글의 첫 문장에서 포터와 헤플만은 정보통신 기술이 제품을 혁명적으로 바꾼다고 선언한다. 제품 중심의 시각을 견지하면서 스마트 제품은 모니터링, 제어, 최적화, 자율화의 새로운 4대 기능을 갖고 있으며, 가치 사슬에서 지원 활동에 해당하는 기술 개발과 기업 인프라 관점에서 '기술 스택Technology Stack'이라고 불리는 완전히 새로운 기술 인프라가 필요하다고 역설한 대목은 이 글의 가장 빛나는 부분이자 핵심을 꿰뚫는 부분 중 하나다. 사물인터넷 시대를 어떻게 준비해야 하는지 몰라 힘들어하는 제조 회사의 경영자가 있다면, 우선 이 기술 스택에 대한 설명부터 살펴보아야 할 것이다. 제조 회사는 이제 소프트웨어 개발 능력, 시스템 엔지니어링, 데이터 분석, 온라인 보안 전문성 등 다양한 새로운 기술 능력과 인적 자원 확보에 투자할 필요가 있다.

스마트 제품이 생성해내는 정보는 새로운 경쟁시대를 이끄는 원동력이다. 따라서 데이터의 소유권 설정과 보안이 중요한 이슈가 된다. 기업은 고객이 정보를 공유하는 것을 장려하기 위한 명확한 가치 제안을 할 수 있어야 한다. 우리가 제시한 고도 정보 연계 사회 구축을 위한 SPB Seamlessness-Privacy-Benefit 패러다임⁴은 정보 연결성과 프라이버시 간의 반비례 관계에서 기업은 이 둘을 모두 높이는 새로운 기술을 설계하는 동시에, 고객이나 개인이 기업이나 사회의 정보 연결성을 높여주기 위해 자신의 프라이버시를 약화시킬 경우 얻을 수 있는 혜택을 명확히 제시해야 한다고 강조한 바 있다.

사물인터넷과 빅데이터는 서로 맞물려 돌아가는 두 톱니바퀴의 관계와 비슷하다. 사물인터넷 제품과 서비스는 다종다양한 데이터를 발생시키고, 적절한 소유와 공유, 그리고 철저한 보안 속에서 분석된 데이터는 다시 사물인터넷 제품과 서비스의 기능 향상을 위해

피드백되기 때문이다.

그렇다면 제품과 공간이 스마트해지고 네트워크에 연결됨에 따라 향후 제품과 서비스가 어떻게 변화할 것인지, 그것이 기업들에게 어떤 새로운 도전의 기회를 제시할 것인지 살펴보자.

제품의 고부가가치화

기존의 전통적 기능만을 수행하던 제품들이 스마트해지고 제품 끼리, 그리고 인간과 소통함에 따라 사용자에게 새로운 가치를 제공하게 되면, 자연스럽게 고부가가치 제품으로 변모하는 효과가 나타난다. 예를 들어 스마트 체중계인 노키아 헬스의 '스마트 체중계 Smart Body Analyzer'는 단순한 체중 측정뿐 아니라 체지방과 심박수 측정이 가능하고, 실내 이산화탄소 농도 및 온도 측정 또한 가능하다. 사용자는 체중계와 몸으로 상호작용하고, 그 결과를 자신의 스마트폰에서 관리할 수 있다. 체중계 하나당 여덟 명까지 사용자를 등록해 서로 데이터를 공유할 수도 있다. 즉 단순히 몸무게만 측정할 수 있었던 기존의 2~3만 원대 체중계가 사용자의 신체 데이터 및 신체에 직접적인 영향을 미치는 생활 지표 관리 플랫폼으로 변화하게 된 것이다.

아이가 오줌을 싸자마자 바로 보호자의 스마트폰으로 그 사실을 알려주는 기저귀, 집주인의 스마트폰과 소통해 초인종을 누른 사람의 사진을 찍어 보내주는 기능을 가진 초인종, 스마트폰을 갖다 대

면 생성한 조리법을 전송하는 전기밥솥 등 다양한 제품들이 고부가
가치 제품으로의 변신을 꾀하고 있다.

서비스의 확장 ────○

아마존은 식료품 전자상거래 서비스인 '아마존 프레시Amazon Fresh'
와 연계해 바코드를 스캔하거나 제품명을 말하는 것만으로도 해당
제품을 온라인 쇼핑 사이트의 장바구니에 추가할 수 있는 '아마존
대시'를 출시했다. 그리고 아마존 대시가 하나의 장치로 다양한 물
건을 주문할 수 있다면 장치 하나당 오직 하나의 제품만을 주문할
수 있는 '아마존 대시 버튼', 아마존 대시에 인공지능 서비스를 추가
한 '아마존 대시 완드Amazon Dash Wand'도 연달아 출시했다. '아마존
파이어 스마트폰Fire Phone'에는 아예 실세계의 이미지, 영상, 바코드,
QR 코드, 음악을 인식하는 물리적 버튼이 따로 있다. 이는 앞서 설명
했듯 기존 제품에 인터넷이 연결되면서 고부가가치화가 되는 현상과
대조적으로 기존 서비스 산업에 스마트 장치가 활용되어 소통에 기
여하면서 서비스가 확장되는 전형적인 사례다.

이처럼 서비스 산업도 고객의 분신과도 같은 스마트 기기와의 소
통 기회를 만들어 사업 영역을 확장시키고 시장을 넓히는 일에 적극
적으로 매달려야 하는 시점에 와 있다.

시장 잠식에 대한 대비 ───○

나이키는 '닌텐도 위'나 러닝머신과 같은 가정용 운동 기구가 많이 보급될수록 불리한 위치에 놓이는 회사다. 집에서 닌텐도 위를 하면서 또는 러닝머신 위를 뛰면서 나이키 운동화를 신거나 나이키 운동복을 입을 사람은 별로 없을 것이기 때문이다. 나이키는 새로운 경쟁 산업과 기존 스포츠 용품 시장의 성장 한계를 뛰어넘기 위해 사물인터넷 플랫폼 '나이키 플러스Nike Plus'를 준비하고 퓨얼밴드 Fuelband와 같은 제품을 출시했다. 퓨얼밴드는 손목에 착용하는 기기로, 운동량 등을 측정해 사용자의 스마트폰에 전달해준다. 퓨얼밴드는 가정에서 닌텐도 위를 하거나 러닝머신을 뛸 때도 사용할 수 있는 미래형 제품인 것이다.

기존 참여 시장의 잠식에 대비하는 한 가지 방법은 고객의 '해야 할 일Job To Be Done'에 주목하는 것이다. 이와 관련해 하버드대학의 클레이튼 크리스텐슨Clayton Christensen이 2007년 《MIT 슬론 매니지먼트 리뷰MIT Sloan Management Review》에 발표한 논문에서 제시한 파괴적 혁신을 위한 방법론인 '해야 할 일' 이론을 살펴볼 필요가 있다. 이 이론은 고객이 특정 상황에서 해결해야 할 근본적인 문제인 '일Job'을 기반으로 분석하고 고민해야 새로운 기회가 주어지고 파괴적 혁신에 가까운 제품 개발이 이루어진다는 것이다.

나이키는 자사 고객의 해야 할 일은 결국 '운동하는 것'이며, 어떠한 환경의 변화가 있어도 고객이 '운동하는 것'을 지원할 수 있는 제품 중 하나가 퓨얼밴드와 같은 기기라는 점을 간파했다. 이는 기존 시장의 잠식이라는 위기 상황을 돌파하고 새로운 시장을 개척하는 방법을 보여주는 대표적인 사례다.

비고객의 고객화 ———○

제품에 스마트한 기능이 더해지면서 고객과 소통하게 되면 그와 함께 서비스도 더해져 이른바 제품의 서비스화PSS, Product-Service System를 이룰 수 있다. 제품을 사용하고 싶었지만 사용 및 유지의 불편함 등으로 쉽게 선택하지 못했던 기존의 비고객을 새로운 고객으로 확보하는 효과를 거둘 수 있는 것이다. 예를 들어 화분을 사서 잘 키우고 싶지만 언제 물을 줘야 하는지를 몰라 식물을 키우는 데 실패하고, 결국은 화분 구매 자체를 포기한 사용자가 있다고 치자. 이 경우 화초 시장이 화분에 물을 줘야 하는 시점을 센서를 이용해 고객의 스마트폰으로 알려주는 서비스를 제공한다면 이런 사람들을 새로운 고객으로 확보할 수 있다. 이는 화초 시장의 전체 규모를 키우는 효과가 있다. 즉 비고객의 고객화를 달성함으로써 블루오션이 창출되는 것이다.

고객과 인연을 맺는 새로운 방법 ———○

가전제품을 판매하는 오프라인 매장이 있다고 하자. 보통 가전제품 매장은 단순히 심심해서 방문하는 고객보다는 구매 예정인 잠재 고객이 방문하는 경우가 대부분이다. 그럼에도 불구하고 기존 오프라인 매장에서는 이벤트를 앞세워 명함이나 연락처를 받는 것 외에는 그러한 잠재 고객들의 정보를 파악할 수 있는 방법이 거의 없었다. 그런데 가전제품 옆에 NFC Near Field Communication 태그나 스마트 버튼이 부착되어 있다면 어떨까? 고객은 가전제품을 둘러보면서 궁금한 점이 있으면 태그를 터치하거나 버튼을 눌러 자신이 원하는 정보를 얻을 수 있다. 그리고 매장은 그 고객이 누구인지는 모르지만 그가 매장을 떠난 후에도 메시지를 전달할 연결 고리를 얻을 수 있다.

서울 합정동에 위치한 여니갤러리에서는 기존의 종이 방명록 대신 스마트 버튼을 이용한 방명록 서비스를 제공하고 있다. 종이 방명록은 그 공간을 방문한 사람의 이름과 연락처 정보가 방명록을 작성하는 다른 사람들에게까지 쉽게 노출될 수 있는 구조이기 때문에 프라이버시 보호 관점에서 매우 취약했다. 그런데 갤러리에서 방명록은 갤러리 운영자, 전시 작가와 방문객 사이의 소통을 위해 꼭 필요한 서비스다. 따라서 방문객이 스마트 버튼을 눌러 그들의 스마트폰을 사용해 온라인 방명록을 기록하고 그 정보를 갤러리 운영자만 관리할 수 있도록 한다면, 기존에 프라이버시 때문에 방명록 작성을 꺼리던 사람들도 좀 더 쉽게 방문 기록을 남길 수 있을 것이다.

이외에도 모터쇼, 야구장 등 다양한 공간이 스마트한 소통이 가능한 장소로 변화하고 있고, 이로 인해 현장에서 고객과 직접 소통하는 새로운 고객관계관리의 모습을 더 쉽게 찾아볼 수 있다. 실세계의 제품과 장소와 고객, 사업자, 제품 및 서비스 사이의 유기적인 소통이 가능해지며, 이를 통해 고객 충성도 및 수익 향상을 위한 활동 또한 가능해지는 것이다. 이러한 활동은 장소나 제품 및 서비스의 특성, 고객의 특성에 부합하는 콘텐츠, 상거래, 커뮤니케이션, 커뮤니티, 협업 등의 서비스로 구성되고, 고객의 구매와 사용 과정 등 모든 단계를 지원하게 될 것이다.[5]

비즈니스 모델의 혁신이 필요하다

　모든 것이 미디어가 된다. 모든 제품과 공간이 미디어가 됨으로써 그것을 사용하는 사람의 경험이 확장되고 세렌디피티가 발생하며, 이는 사업자에게 스마트한 소통을 통한 사업 기회를 제공한다. 여기서 중요한 것은 스마트 제품 및 공간으로의 진화는 자연스러운 현상이며 이러한 변화만으로는 비즈니스 모델의 혁신이나 확장이 일어나지 않는다는 점이다. 스마트 제품 및 공간이 미디어의 역할을 할 때 비즈니스 모델의 변화가 일어난다는 점에 주목할 필요가 있다. 스마트 제품 및 공간의 사용 데이터는 클라우드나 블록체인에 저장되고, 이 데이터들은 분석되어 다시 고객을 위한 맞춤 서비스 제공에 활용될 수 있다. 데이터 분석을 통해 스마트 제품 및 공간 판매를 위한 전략과 시사점, 새로운 과학 지식이 도출될 수도 있다. 이러한 데이터들은 자사의 새로운 서비스나 전략뿐 아니라 다른 사업자의 사업을 위해 판매될 수도 있다.

현재 추진 중인 스마트 제품 및 공간의 한계는 그 목적이 사업자의 관점에서 고객의 데이터를 수집하는 데 있다는 것이다. 그러나

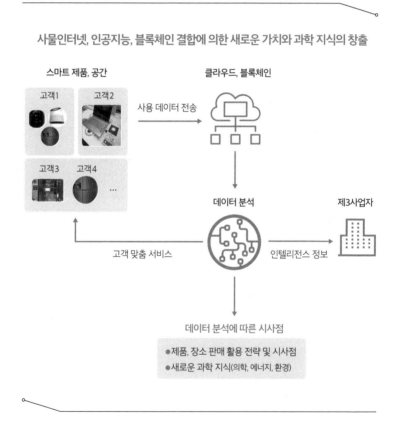

사물인터넷, 인공지능, 블록체인 결합에 의한 새로운 가치와 과학 지식의 창출

그것만으로는 비즈니스 모델의 혁신을 일으키기 어렵다. 기업은 고객의 데이터에 기반한 새로운 서비스와 사업이 고객과 소통할 수 있도록 유도해야 하며 그것이 바로 미디어의 본질이다. 진정한 사용자 중심의 변화를 일으키기 위해서는 제품이나 공간 소유자의 정보나 서비스 이외의 것들 역시 중요하다.

예를 들어 한 가전제품 회사가 만든 로봇 청소기가 청소하다가 벌레를 발견했다고 하자. 로봇 청소기의 카메라가 그것을 촬영했고, 사람처럼 스스로 보고 배운 지식을 쌓아가면서 공부하는 심층 학습법인 딥러닝 기술의 도움을 받아 그것이 벌레라는 사실을 인식해냈다. 이때 로봇 청소기는 고객의 스마트폰으로 이러한 사실을 전달한다. "고객님, 청소하다가 벌레를 발견했습니다. 방제 회사에 연결해 드릴까요? 두 시간 내에 결정하시면 해충 구제 비용을 20퍼센트 할인해드립니다."

이는 이미 우리 연구팀이 글로벌 가전제품 회사와 공동 연구하는 중에 구성해본 하나의 시나리오다. 가전제품 회사는 아직 미디어 기업이 아니다. 말 그대로 제조 회사다. 로봇 청소기는 미디어가 아니다. 청소 기계다. 그러나 그 기계에 인공지능에 의한 스마트 기능이 들어가고, 그것이 사용자의 스마트폰과 소통하며 방제 회사와 사업적 연계가 되면, 이제 가전제품 회사는 미디어 기업이 되고 로봇 청소기는 미디어가 되는 것이다. 제품이 미디어가 될 때 새로운 비즈니스 모델이 쏟아져 나온다.

진화 가능한 하드웨어 ———○

기존의 전기밥솥을 생각해보자. 출시 단계에서 백미 취사, 잡곡 취사, 현미 취사 등의 기능이 정해지면 이후 고객이 동일한 하드웨어로 수행할 수 있는 다른 기능을 원해도 제조 회사는 그다음 제품을 출시하기 전까지는 새로운 기능 및 서비스를 제공할 수 없다. 즉 출시 단계에서 해당 제품이 제공할 수 있는 모든 기능이 정해지는 것이다. 그런데 밥솥이 스마트하게 진화함에 따라 상황은 달라질 수 있다. 일단 제조 회사는 고객의 사용 데이터를 확보할 수 있다. 언제 어떤 기능을 사용하는지 파악할 수 있는 것이다. 이러한 데이터는 새로운 모델의 기획에 적극 활용될 수 있다. 여기까지가 기존 기업들이 생각하는 스마트 제품의 활용 방안이다.

그런데 사용 데이터를 통해 사람들이 죽을 만들어 먹는다는 사실이 확인되었다고 하자. 기존 하드웨어만으로도 조리가 가능하고 그 밥솥이 네트워크에 연결되어 있다면, 제조 회사는 더 맛있는 죽을 끓일 수 있는 레시피를 만들어 밥솥의 기능을 업데이트할 수 있을 것이다. 이 레시피는 제조 회사가 제공할 수도 있지만, 밥솥을 사용해 죽을 끓이는 다른 고객들이 제공할 수도 있다. 즉 출시 단계에서 정해진 기능만을 제공하던 하드웨어가 스마트 제품으로 진화함에 따라 '진화 가능한 하드웨어'가 되고, 고객 커뮤니티가 형성되며, 서비스 지배 논리Service-dominant Logic[6]가 주장하듯 고객과 기업이 공동으로 가치를 창출하는 사례가 된다. 정기적으로 죽을 끓이는 고객에게는 일정 기간마다 음식 재료를 보내주는 구독 모델Subscription Model

을 새로운 비즈니스로 시작할 수도 있을 것이다. 이는 생산 과정에서 제품의 진화 가능성을 미리 예측하고 잘 담아낼 수 있는 소프트웨어 플랫폼을 선택하는 것이 중요해짐을 의미한다.

어떤 독자들은 위 사례를 두고 "그렇게 되면 밥솥의 판매량이 떨어질 것이기 때문에 밥솥 제조 회사는 그런 제품을 만들지 않을 것이다"라고 말할지 모른다. 맞는 말이다. 밥솥 회사를 제조 회사로 한정한다면 그것은 틀린 생각이 아니다. 그러나 스마트 제품을 만드는 기업은 단순 제조 회사가 아니라 소프트웨어 기업, 서비스 기업으로 보아야 한다. 밥솥 회사는 직접 새로운 레시피를 제공하면서 고객에게 돈을 받을 수도 있고, 다른 고객의 레시피를 유통시키는 플랫폼을 운영해 이윤을 얻을 수도 있으며, 음식 재료 구독 비즈니스를 통해 새로운 수익을 만들어낼 수도 있다. 이러한 현상은 이미 자동차 회사에서 찾아볼 수 있다. 자동차 제조 회사들은 우버와 같은 차량 공유 서비스에 투자하기도 하고, 직접 사업에 진출하는 것까지 고려하고 있다. 자전거 회사도 마찬가지다. 모바이크Mobike 나 오포Ofo 와 같은 자전거 공유 사업을 하는 회사는 이미 직간접적으로 제조 회사와 사업적 제휴를 맺고 있다. 애플 역시 그렇다. 애플은 스마트 기기를 생산하는 제조 회사인가, 앱스토어를 운영하는 플랫폼 기업인가?

하위 네트워크 기반의 새로운 시장 창출 ———○

스마트 제품은 기본적으로 네트워크에 연결된 상태를 가정하기 때문에 제품에 대한 중앙 조정이 가능하고, 이를 통해 하위 네트워크에 기반한 새로운 시장이 창출될 수 있다. 2014년 1월, 구글이 32억 달러에 인수한 스마트홈 기기 전문 업체 네스트에서 제공하는 온도 조정기인 '서모스탯Thermostat'은 실내에서 사람의 움직임을 감지해 냉난방을 조절하거나, 특정 시간에 사용자가 원하는 온도가 될 수 있도록 냉난방을 조절하고, 네스트 에너지 리포트Nest Energy Report를 통해 사용자의 에너지 사용 내역을 확인할 수 있다. 네스트는 현재 서모스탯을 통해 미국 전역 에너지 관련 기업들과의 파트너십을 기반으로 한 서비스인 '러시아워 리워드Rush-hour Rewards' 프로그램을 운영 중이다. 서모스탯 사용자들이 이 프로그램에 가입하면 네스트는 특정 지역의 전력 사용량에 따라 사용자들의 냉난방 사용 상황을 일부 조정할 수 있는데, 이를 통해 에너지 공급 사업자는 원활한 전력 수급이 가능해지고 사용자는 경제적 혜택을 얻을 수 있다.

2013년 6월 27일, 미국 텍사스 주 오스틴 지역은 기온이 약 38도에 육박했고 사람들은 냉방 장치를 작동시키기 시작했다. 해당 지역의 에너지 생산 기업인 오스틴에너지는 에너지 러시아워가 발생할 수 있음을 예측하고 네스트에 중앙 온도 조정을 요청했다. 네스트는 중앙 온도 조정 기능을 통해 러시아워 시간 이전에 냉방을 실시하고 러시아워 시간에는 설정 온도를 약 1도 올렸으며, 그 결과 가장 더운 시간에 냉방기 운영 시간을 평균 50퍼센트 감소시켜 대규모 정전 사태와 같은 위기 상황에서 벗어날 수 있었다. 네스트 사용자 중 약 10퍼센트는 냉방기를 자신이 직접 조절했지만, 나머지 90퍼센트의 사용자는 중앙 온도 조정 기능을 따랐다. 그해 여름 동안 이러한 방법을 이용한 에너지 사용량 조정은 계속되었고, 오스틴에너지 고객들은 이 프로그램에 참여한 대가로 85달러를 돌려받을 수 있었다.

데이터 기반 비즈니스 모델의 등장

우리는 앞서 스마트 밥솥을 통해 고객의 사용 데이터를 수집하고, 이를 기반으로 음식 재료 구독 비즈니스 모델이 탄생할 수 있음을 알았다. 그뿐 아니라 스마트 온도 조절기를 통하면 사용자의 기상 및 취침 시간 정보와 같은 사용자 행태 정보를 취합할 수 있고, 스마트 체중계를 통해 사용자의 신체 변화 정보를 모을 수 있으며, 스마트 블랙박스를 통해서는 사용자의 운전 습관 정보를 얻을 수 있다.

이러한 개인 정보는 유출되거나 오남용되면 불법이지만, 서비스 본질을 위해 기업과 고객 사이의 동의 절차에 따라 유지 및 관리될 수밖에 없는 것이기도 하다. 즉 제품이 스마트 제품으로 변화함에 따라 사용자의 다양한 데이터들이 수집될 수 있는데, 이러한 데이터에 기반해 새로운 비즈니스 모델이 등장할 수 있다. 예를 들어 스마트 온도 조절기를 통해 사용자의 퇴근 시간을 파악할 수 있다면 사용자가 집에 돌아오는 시간에 저녁 식사 배달 광고를 전달할 수 있으며, 사용자의 체중 데이터를 파악할 수 있다면 체중이 늘었을 때 다이어트 제품 광고나 운동 기구 광고를 제시할 수 있을 것이다.

이러한 비즈니스 모델의 예로 보험 회사 프로그레시브가 사용하는 '스냅샷Snapshot'이라는 프로그램을 들 수 있다. 이는 차량에 운전자의 운전 습관을 기록할 수 있는 장치를 부착해 급정지 횟수, 주행 거리, 심야 위험 시간대 운전 여부 등 운전 관련 데이터를 분석한 후, 운전자의 사고 가능성에 따라 보험료를 최대 30퍼센트까지 할인해주는 서비스다.

뉴노멀, 비정상이 정상이 된다

　제품이 스마트 제품으로 변화하는 환경에서는 기업이 경쟁 관점에서 접근하는 것도 필요하지만 더 넓게는 어떤 새로운 비즈니스 모델이 나타날 것인가를 고민해야 한다.[7] 특히 제품을 생산하는 기업뿐 아니라 전자상거래 서비스 기업, 백화점과 같은 소매 유통 회사 등 서비스 산업이나 제품-서비스 시스템 산업도 스마트 제품화 현상에 주목해야 한다. 제품은 결국 서비스를 제공하기 위한 도구일 뿐이라고 주장하는 서비스 지배 논리까지 적용하지 않더라도 스마트 제품으로 진화해가는 과정에서 제품은 자연스럽게 서비스를 제공하게 된다.

　경쟁이라는 관점에서만 사물인터넷과 제품의 스마트화, 네트워

크화를 바라본다면, 그것은 김위찬과 르네 마보안Renée Mauborgne이
『블루오션 전략Blue Ocean Strategy』에서 지적했듯 레드 오션의 경영학
이다. 제품의 스마트화와 네트워크화가 비즈니스 모델의 새로운 물
결을 일으키느냐의 여부는 매우 중요한 문제인데, 기존 제조 회사들
간의 경쟁 관점에만 매몰되기보다는 새로운 사업 주체에 의한 새로
운 비즈니스 모델의 등장 가능성에 주목해야 한다.

1993년 삼성그룹은 오전 7시에 출근해서 오후 4시에 퇴근하는
7·4제를 도입했고, 그룹 총수는 자식과 배우자만 빼고 모두 바꾸라
는, 이른바 '신경영'을 선언했다.[8] 이는 한국의 BPR 열풍의 시작이
었다. 어떤 이는 이를 두고 정치경제학의 관점에서 신자유주의적 경
영 혁신이라고 해석하는데, 정보통신 기술과 경영학의 관점에서 보
면 디지털 네트워크가 조직에 스며들면서 초래된 업무 방식의 변화
에서 나온 경영 혁신 운동이라 할 수 있다.

1970년대와 1980년대에 걸쳐 이미 기업의 사무직과 제조 부문,
고객 응대 부문 모두 컴퓨터를 활용하던 상황에서 1980년대 말과
1990년대 초에 일어난 중요한 변화는 컴퓨터가 근거리 통신망LAN
이라는 네트워크로 연결되기 시작했다는 점이다. 그전에는 기업에
서 개인이 컴퓨터를 사용하기는 했지만 그 컴퓨터가 산출하는 정보
의 교환은 플로피 디스크 등으로 이루어졌다. 즉 각 개인이 컴퓨터
와 상호작용하기는 했으나 컴퓨터를 사용하는 개인과 개인이 정보
를 주고받기 위해 디스크를 전달하면서 직접 대면해야 했다. 기업
내 정보의 이동 속도가 여전히 물류의 이동 속도와 같았던 시기가

1980년대 말까지의 기업 환경이다.

1990년대에 들어서면서 이러한 기업 환경은 급격히 변화하기 시작했다. 앞서 언급했듯 기업 내 컴퓨터들이 서로 근거리 통신망으로 연결되기 시작한 것이다. 마이클 해머Michael Hammer는 1990년 《하버드비즈니스리뷰》를 통해 "자동화하지 말고 버려라Don't Automate, Obliterate"라는 화두를 제시했는데[9] 기업 내 컴퓨터들이 서로 연결되면서 기업의 업무를 디지털화, 정보화하는 과정이 필요해졌고 이 과정에서 기존의 업무를 자동화하는 것이 아니라 필요가 없어진 업무는 버리고 기업의 업무 프로세스를 고객 중심으로 혁신해야 한다는 주장이었다. 그리고 이 주장은 제시된 지 30년이 다 되어가는 지금도 유효하다.

1990년대 중반부터 더 큰 혁신의 필요성이 대두되었는데 이는 인터넷의 대중화가 초래한 것이다. 월드와이드웹의 발명과 급속한 보급은 이제 기업 내 컴퓨터의 연결뿐 아니라 기업의 컴퓨터와 개인 고객의 컴퓨터를 연결하게 되었다. 이러한 변화는 이른바 기존 B2C 사업의 혁신을 요구했고, 여러 기업들의 컴퓨터 사이의 연결은 기존의 기업과 기업 관계의 혁신을 필요로 하게 되었다. 이 과정에서 아마존(1994년), 야후(1995년), 이베이(1995년), 프라이스라인(1997년), 구글(1998년)과 같은 새로운 인터넷 기업들이 속속 탄생했고, 이러한 현상을 설명하기 위해 학자들과 실무가들은 1990년대 중후반부터 '비즈니스 모델'이라는 말을 사용하기 시작했다.

요약하자면 1990년 초반 기업 내부 컴퓨터 간의 소통은 기업의 업무 프로세스 혁신, 즉 BPR이라는 경영 혁신을 요구했고 1990년 중반 이후 기업과 기업 외부 컴퓨터 간의 소통은 기업의 비즈니스 모델 혁신이라는 경영 혁신을 요구하게 된 것이다. 그렇다면 이제는 어떠한 경영 혁신이 요구되고 있는가?

2015년 포터는 헤플만과 함께 이번에는 스마트 제품의 등장이 기업 그 자체를 어떻게 변화시키고 있는지 설명했다.[10] 그들의 주장을 받아들여 1990년대부터 2010년대 후반인 현재까지 기업 경영에서 벌어진 변화를 디지털 네트워크 관점에서 정리하면 다음과 같다. 1990년대 초반의 기업 내 디지털 네트워크(LAN)의 확산은 기업의 업무 프로세스를 변화시켰고, 1990년대 중후반 기업 외부의 디지털 네트워크(WWW)의 확산은 기업 비즈니스 모델의 변화를 요구했고, 2010년대 중반부터의 새로운 디지털 네트워크(사물인터넷)의 확산은 다시 기업 비즈니스 모델의 변화를 요구하는 동시에, 기업의 업무 프로세스를 변화시키는 과정에까지 이르고 있다.

이렇듯 사물인터넷 기술에 의해 제품이 스마트 제품으로 변하는 현상은 왜 기업을 변화시키고 기업의 업무 프로세스를 변화시키는가? 이 변화를 설명하기 위한 키워드는 단연 '서비스'와 '데이터'다. 스마트 제품의 등장은 이제 기업이 세상에 제공하는 것이 더는 제품이 아니라 서비스라는 것을 의미하며, 이는 서비스 지배 논리를 주장하던 학자들이 선각자임을 확인하게 되는 순간이다. 이들은 세상의 모든 기업이 제공하는 것은 결국 서비스라고 주장하면서 기업이 어떤 제품을 고객에게 전달한다면, 이는 서비스를 전달하기 위한 매

1990년 이후 기업 경영의 변화

1990년대 초반	기업 내 컴퓨터의 연결	일하는 방식 변화(BPR)[11]
1990년대 중후반	기업과 외부 고객, 외부 기업이 컴퓨터로 연결	비즈니스 모델의 변화(BMI)[12]
2010년대 중후반	제품이 스마트 제품으로 변화	경쟁의 변화[13]
		사업 모델의 변화[14]
		일하는 방식 변화[15]

출처: 이경전, "인터넷의 직격탄 맞은 미디어 산업 O2O 통해 위기를 기회로 바꾸자", 《동아 비즈니스리뷰》, 제184호, 2015. 09.: pp.60-69.

개체일 뿐이라고 주장한다.[16] 경제학에서의 교환도 마찬가지라는 것이다. 이들은 경제학적 교환 역시 오직 서비스의 교환이라고까지 이야기한다. 사실 사물인터넷이라는 새로운 디지털 네트워크가 등장하기 전까지 이러한 논리는 일부 산업에서만 관철될 수 있었다. 그러나 사물인터넷에 의해 모든 제품이 스마트 제품으로 변하는 상황에서는 서비스 지배 논리가 아주 쉽게 이해될 수 있다.

우리는 2014년 사물인터넷이 등장하면서 나타나는 제품의 변화와 이로 인한 비즈니스 프로세스의 변화, 비즈니스 모델의 혁신 및 탄생에 대해 이미 설명한 바 있다.[17] 예를 들어 인터넷에 연결되지 않는 체중계를 만드는 기업은 체중계를 판매해 고객에게 전달하는 순간 사실상 거의 모든 비즈니스 프로세스가 종료된다. 그러나 사물인터넷 체중계를 판매하는 기업은 고객에게 체중계를 판매해 전달하는 순간 새로운 비즈니스 프로세스가 시작된다. 네트워크와 연결된 사물인터넷 기술을 통해 새로운 기능을 업데이트하는 등 지속적으로 진화 가능한 체중계를 제공할 수도 있을 것이고, 측정된 고객의 신체 관련 데이터를 기반으로 새로운 비즈니스를 추진할 수도 있기 때문이다. 이것이 제품 사업과 서비스 사업이 다른 결정적인 이유다.

제품 사업은 제품을 전달하는 순간 어느 정도 프로세스가 일단락되지만, 서비스 사업이나 스마트 제품 사업은 고객에게 서비스와 제품을 최초로 전달하는 순간 새로운 비즈니스 프로세스가 시작되는 것이다. 이는 데이터가 발생해서 축적되고, 기업과 고객 사이에서 교환되기 시작한다는 것을 의미한다. 즉 사물인터넷 시대에서는 기업이 고객에게 제품을 전달하는 순간 서비스가 시작되며 바로그 시점부터 데이터가 발생하고 교환되는 것이다. 제너럴일렉트릭의 CEO 제프리 이멜트^{Jeffrey Immelt}가 앞으로는 모든 기업이 소프트웨어 기업이 된다고 주장한 것도 바로 이러한 점을 간파했기 때문이다. 이제는 모든 기업이 소프트웨어 기업이고 서비스 기업인 동시에 데이터 분석 기업이 되어야 하는 것이다.

모든 것이 소통한다는 것은 제품이 본질적으로 더 이상 제품이 아니라 서비스가 된다는 것을 의미한다. '전 산업의 서비스화'라고 할

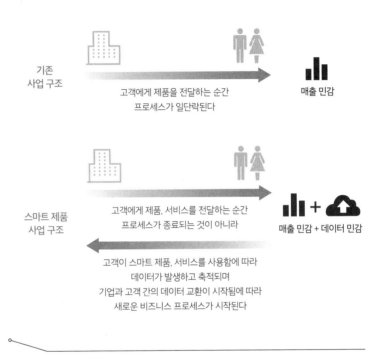

스마트 제품과 서비스의 등장으로 인한 기업 경영의 변화

기존
사업 구조

고객에게 제품을 전달하는 순간
프로세스가 일단락된다

매출 민감

스마트 제품
사업 구조

고객에게 제품, 서비스를 전달하는 순간
프로세스가 종료되는 것이 아니라

매출 민감 + 데이터 민감

고객이 스마트 제품, 서비스를 사용함에 따라
데이터가 발생하고 축적되며
기업과 고객 간의 데이터 교환이 시작됨에 따라
새로운 비즈니스 프로세스가 시작된다

만하다. 자동차 산업이 더 이상 제조업이 아니라 교통 서비스업에
편입되는 현상은 우버를 통해 이미 잘 보고 있다. 전 세계 소비자들
은 이제 자동차라는 물리적 제품을 구입하고 소유하기보다는 스마
트하게 소통하면서 사용하는 방법에 관심을 갖고 있다.

제품을 만들던 사람은 이제 어떻게 서비스와 그 서비스를 보조할

제품을 공급할 것인가를 고민해야 한다. 여기서 발생할 데이터에 어떻게 실시간으로 피드백을 할 것이며, 이를 어떻게 온·오프라인 채널로 바이럴 마케팅할 것인지 그 메커니즘과 전략을 세우고 실행해야 한다. 이는 제조업 관계자뿐 아니라 정책가들도 마찬가지다.

이렇게 모든 것이 서비스가 되는 시대에 잘 적응하려면 기존의 물질, 제조 중심주의를 획기적으로 바꾸는 동시에, 서비스라는 눈에 보이지 않는 것을 경시하는 사회 풍조를 바꿔야 한다. 서비스는 가치이자 돈이다. "이것은 서비스로 드리는 것이에요"라는 말에서 풍기는 '서비스는 공짜, 서비스는 돈이 안 된다'라는 생각을 버려야 한다. 사업 관점에서는 역설적으로 공짜 비즈니스 모델에 관심을 가져야 한다. 공짜로 서비스를 시작한 회사들이 수백조 원의 기업 가치를 갖게 된 예는 매우 많다. 구글과 페이스북이 그랬고, 네이버와 카카오가 그랬다. 전통적으로 비정상적인 비즈니스 모델이 오히려 정상이 되는 '뉴노멀의 시대'다. 이제는 서비스를 공짜로 또는 저렴하게 시작해 나중에 플랫폼이 되는 비즈니스 모델을 만들려는 의지, 이에 투자하려는 새로운 인식이 필요하다.[18]

전환할 것인가, 창조할 것인가

　인터넷으로 대표되는 제3차 산업혁명은 세계경제의 30퍼센트를 차지하는 소비경제Consumption Economy만을 혁신한다고 생각한 사람이 많다.[19] 그러나 제4차 산업혁명은 세계경제의 70퍼센트를 차지하는 생산경제Production Economy까지 혁명적으로 바꾸고 있다. 기술이 제품을 혁명적으로 바꾸고 있기 때문이다.

　경영학을 전공했거나 기업에서 전략 관련 업무를 담당하는 사람이라면 포터의 경쟁 전략 이론을 배웠거나 한번쯤 들어봤을 것이다. 포터의 경쟁 전략 이론은 제2차 산업혁명의 대표 산업인 자동차 제조 산업을 주로 다룬 것으로, 미국의 자동차 산업이 일본의 자동차 회사와 경쟁에 직면했을 때 그 위기의식에서 나온 산물이기에 제조업 중심 시대, 즉 제2차 산업혁명 시대의 레드 오션 경쟁 전략이다.

그러한 위기 상황에서 크게 각광받았던 포터의 경쟁 전략 이론이 성공적이었다면 미국의 자동차 산업도 현재 큰 성공을 구가해야 하는데 그렇지 못한 것이 현실이다. 그럼에도 불구하고 기존의 경영 교육과 컨설팅 업계에서 여전히 포터의 경쟁 전략 이론과 가치 사슬 모델에 의존하고 있다면 그것은 문제가 아닐 수 없다.

경쟁 중심의 전략 이론은 새로운 산업 진입자의 위협은 고려하지만, 전혀 새로운 비즈니스 모델에 직면하게 될 가능성은 제대로 고려하지 않고 있다는 점도 문제다. 신용카드라는 새로운 비즈니스 모델이 등장한 상황에서 전당포가 아무리 그들 간의 경쟁에 몰두해봤자 의미가 없는 것이다.

포터와 헤플만은 2014년에 발표한 논문[20]에서 사물인터넷에 의해 ①제품, ②스마트 제품, ③스마트 커넥티드 제품, ④제품 시스템, ⑤시스템의 시스템으로 산업의 경계가 확장될 것이라고 주장했다. 그러나 애플처럼 폐쇄형 제품 시스템을 구축하는 기업이든, 개방형 또는 혼합형 제품 시스템과 시스템의 시스템이라는 생태계에서 생존하고자 하는 기업이든 간에 이들 기업을 제대로 표현하고 이해하기 위해서는 포터의 가치 사슬 모델만으로는 부족하다.

포터의 가치 사슬 모델은 오직 제조업 분야에만 적절하다는 지적은 1998년 《전략경영저널Strategic Management Journal》에 「경쟁 우위를 위한 가치 배열: 체인, 상점 및 네트워크Configuring Value for Competitive Advantage: On Chains, Shops, and Networks」라는 논문이 발표된 이래 계속되어왔다. 이 논문에서는 은행이나 이동통신사 등과 같이 두 종류 이상의 고객을 매개하는 것을 주 업무로 하는 기업들의 본원적 활동은 포터의 제조업 중심의 기업을 설명하는 가치 사슬로는 제대로 표현할 수 없다고 설명하면서 그 대안으로 가치 네트워크Value Network를 제시한다.

또한 병원과 대학교, 컨설팅 기업, 건축 설계 기업 등 고객의 개별적인 문제를 해결하는 것을 주 업무로 하는 기업들의 경우도 가치 사슬이 아닌 가치 상점Value Shop으로 설명해야 한다고 주장했는데, 이것의 이론적 근거로 제임스 톰슨James Thompson이 1967년에 출간한『행동하는 조직Organization in Action』에서 소개하는 3대 조직 기술(길게 연결된 기술, 심화 기술, 매개 기술)을 예로 들고, 이 조직 기술 각각에 가치 사슬, 가치 상점, 가치 네트워크 모델을 연결했다. 예를 들어애플은 스마트 제품, 제품 시스템을 만드는 제조 회사인 듯하지만아이튠즈, 앱스토어, 애플 페이라는 플랫폼 서비스도 갖고 있는 기업이다. 애플은 가치 사슬 모델에서 제안하는 본원적 활동과 지원적활동만으로는 표현할 수가 없고, 적어도 가치 네트워크 모델을 결합해야 더 근접한 표현을 할 수 있다.

네스트의 서모스탯도 그렇다. 네스트는 단순 제조 회사가 아니라가치 사슬과 가치 네트워크가 혼합된 기업으로 보아야 한다. 네스트는 온도 조절 장치를 생산하기도 하지만, 가정과 빌딩에 설치된 온도 조절기를 통해 각 전기 수요자와 전기 공급 회사를 연결해 그 중간에서 플랫폼 역할을 하는데 이는 가치 네트워크로서의 활동이라

할 수 있으며, 이것이 구글로 하여금 네스트를 32억 달러에 인수하게 한 핵심 비즈니스 모델인 것이다.

온팜은 '무제품Productless' 전략을 취하고 있다. 온팜은 클라우드 기반 사물인터넷 플랫폼을 이용해 웹 기반의 농장 정보 서비스를 제공하는데, 농장 데이터를 측정하기 위한 어떤 센서도 제조하지 않는다. 다만 여러 제조 회사들이 새로운 센서를 개발하면 이 센서가 클라우드 플랫폼과 통신할 수 있도록 커넥터만 개발한다. 이 역시 전통적인 가치 사슬로는 표현할 수 없고, 가치 상점과 가치 네트워크 개념으로 설명할 수 있다.

우리가 운영하는 사물인터넷 플랫폼 회사 벤플 역시 버튼 인터넷을 발표하기 전까지는 무제품 전략을 취했다. NFC 태그, BLE Bluetooth for Low Energy 비컨 등을 생산하지 않고, 단지 여러 사물인터넷 기술과 제품을 유연하게 수용해 소프트웨어 기술과 서비스만으로 시장을 만들어나가는 전략을 추구했다. 초기 단계의 기술이고, 개인과 기업, 그리고 공공 부문의 인프라 개발과 수용 양상이 다양한 상황에서는 특정 기술에 기반한 제품 사업은 시장의 기술 변화에 따른 위험이 있기 마련이다. 기술의 변화가 무쌍해 자신이 통제할 수 없는 산업 상황에 놓인 기업은 무제품 전략을 사용하기도 하는 것이다.

2014년 아시아 최초의 인터넷 신문을 만든 언론사의 핵심 인물을 만나 뉴스의 미래를 토론하는 자리가 있었다. 그 자리에서 '20년 전에 아시아 최초의 온라인 신문을 만든 그때로 돌아갈 수 있다면 무엇을 할 것인가'라는 질문을 던졌다. 그러자 다시 돌아간다면 온라인 신문을 만들지 않고, 인터넷 포털을 만들겠다는 대답이 돌아왔다. 당시 온라인 신문을 아시아 최초로 만든 것은 아마도 경쟁 관점에서 기존 종이 신문을 온라인 신문으로 전환한 의사 결정의 결과가 아닌가 싶다.

그렇다면 지금 우리는 그다음의 세계를 위해 경쟁이라는 관점에서 기존의 비즈니스를 전환해야 할까? 아니면 10년 후 또는 20년 후 세상이 어떻게 변할 것인가를 조망하면서 새로운 가치와 비즈니스 모델을 창조해나가는 노력을 해야 할까? 정답이 양자택일은 아닐 것이다.

포노사피엔스 혁명

+4

키오스크의 종말

유명 백화점으로부터 옴니채널Omni-channel 서비스 구축에 대한 제안을 받은 적이 있다. 옴니채널은 소비자가 온라인, 오프라인, 모바일 등 다양한 경로를 넘나들며 상품을 검색하고 구매할 수 있도록 하는 서비스를 말한다. 비즈니스 환경의 변화로 많은 상거래 공간이 이 옴니채널을 화두로 삼고 있음에 따라 서비스 아이디어 제안을 요청받은 것이다.

우리는 'Simple(고객이 쉽고, 편하게 사용)', 'Dynamic(상황에 따라 다양한 재미와 즐거움을 제공)', 'Open(매장 참여형 콘텐츠)'을 콘셉트로 내세우고 매장을 방문한 고객의 스마트폰을 통해 직접 서비스를 제공하는 아이디어를 제안했다.

오프라인 상거래 공간이 살아남기 위해서는 고객의 자발적인 방문을 유도하고, 한 번 방문한 고객이 가급적 오랜 시간 머무르도록 해야 한다. 무엇보다도 우리는 방문 고객의 매장 체류 시간을 늘리는 것이 매출 증가와 직결된다고 판단하고 이를 위해 공간 곳곳에서 서비스 요소를 제공해야 한다고 의견을 피력했는데, 이는 고객이 있는 장소에서 곧바로 고객 스마트폰으로 연결되어야 한다는 생각으로 이어졌다.

키오스크와 같은 기기는 매장의 구석구석에까지 모두 설치하기 힘들어 서비스를 제공하는 데 한계가 있었다. 그러나 당시 백화점 측의 사업 담당자는 어떤 이유에서인지 키오스크를 통한 서비스에 매몰되어 있었고, 결국 프로젝트는 키오스크 중심으로 진행되었다.

그 일이 있고 얼마 후 우리에게 아이디어 제안을 요청했던 백화점을 주말에 방문할 기회가 있었다. 백화점 안은 고객들로 붐볐는데 에스컬레이터와 같은 주요 시설물 근처에는 고객들의 쇼핑을 방해하는, 그들에게 외면받는 키오스크가 자리해 있었다.

앞서 언급한 이니스프리뿐 아니라 일본에서는 의류 업체 어반리서치Urban Research가 점원의 응대를 거절함을 나타내는 쇼핑백을 매장 입구에 걸어 침묵의 접객 서비스를 시작했고, 도입 결과 점원들이 실제로 조언이 필요한 고객 응대에 집중할 수 있다는 장점을 발견했다. 그런가 하면 일본 교토의 미야코都 택시는 '침묵 택시 서비스'를 제공한다. 탑승 인사, 목적지, 요금, 승객이 질문한 내용에 대한 답변 외에는 운전사가 먼저 말을 걸지 않는다. 미국 아마존의 '아마존 고$^{Amazon\ Go}$'라는 서비스는 영상 이해 기술을 바탕으로 오프라인 매장에서 물건 값을 지불하기 위해 계산대에 줄을 설 필요가 없도록 만들고 있고, 한국, 중국, 일본의 편의점들은 결제 방법과 구매 확인 방법은 조금씩 다르지만 무인 계산대 방식을 공개했다.

이렇게 고객과 커뮤니케이션하는 방법이 달라지고 있고, 또 달라져야 하는 시대가 도래했다. 고객과의 커뮤니케이션을 강화하는 방법 중 하나는 더 스마트하고 지속가능한 방법을 찾는 것이다. TV 리모컨은 기성세대에게는 고마운 도구이지만 지금의 10대, 20대에게는 불필요한 버튼이 너무 많이 달린 거추장스러운 물건이다. 그 이상한 물건을 기피하는 젊은 세대는 가정용 TV를 점점 멀리하고 스마트폰으로 TV 콘텐츠를 소비한다. 각종 전시회 부스에서 나눠주는 종이 팸플릿도 사정은 마찬가지다. 값비싼 종이에 정성스럽게 인쇄한 종이 팸플릿은 더 이상 스마트하지도 환경적으로 지속가능하지도 않다. 전시회를 떠나면서 대부분의 참관객들은 아무 미련 없이 그것을 쓰레기통에 던져버린다. 종이 팸플릿이 버려지는 순간 그 전시회와 고객의 연결 고리도 사라진다. 즉 소통이 끊기는 것이다. 매장이나 공공장소에 설치되는 키오스크도 마찬가지다. 처음에는 세련되어 보였던 키오스크는 설치되고 6개월만 지나면 볼썽사나운 애물단지로 전락하기 십상이다.[1]

고객과의 대화가 달라진다

고객과 더 스마트하고 지속가능한 방법으로 커뮤니케이션하려면 어떻게 해야 할까? 이를 위해서는 고객이 어떻게 변화했는지를 절실히 느껴야 한다. 지금 고객은 '포노사피엔스Phono Sapiens'로 확장되어 있다. 경제 주간지 《이코노미스트》는 2015년 2월, 스마트폰과 초고속 인터넷으로 무장한 사람들을 이렇듯 '포노사피엔스'로 명명했다. 이는 휴대전화를 의미하는 '포노Phono'와 지혜를 의미하는 '사피엔스Sapiens'의 합성어로, 휴대전화 없이는 생활이 어렵고 심지어 불안과 공포까지 느끼는 '노모포비아Nomophobia'를 겪고 있는 세대를 의미하는 말이다.

종이 팸플릿의 예를 다시 생각해보자. 종이 팸플릿은 배포되는 순간 고객에게 정보를 제공할 수 있지만 고객이 이를 지속적으로 관리하기는 어렵다. 기업의 입장에서도 누가 자사의 팸플릿을 가져갔는지 확인할 방법이 없다. 반면에 전시회 부스에 종이 팸플릿 대신 전자 태그나 스마트 버튼이 적용되어 있다고 해보자. 고객은 사물인터넷 기술을 통해 자신의 스마트폰에서 정보를 확인할 수 있고 언제든 다시 볼 수 있다. 고객의 스마트폰과 연결되어 있기 때문에 기업의 입장에서도 고객과의 접점을 확보할 수 있으며 이를 통해 추후에도 메시지를 전달할 수 있다.

고객의 컴퓨터인 스마트폰이 아닌 공간의 컴퓨터인 키오스크를 통해 서비스를 제공하는 것은 스마트하지 않고 지속가능하지도 않다. 스마트폰을 통해 서비스를 제공하면 사용자의 프라이버시를 보호하면서도 개인화된 서비스를 제공할 수 있다. 우리가 참여한 연구[2]에서는 유통 공간에서 고객이 관심을 갖고 있는 제품을 전자 태그 터치나 스마트 버튼 푸시 데이터를 통해 파악해 실시간으로 다른 제품을 추천하는 모델을 제안했다.

이 모델은 개인 정보를 많이 수집하지 않아도 되는 까닭에 처음 방문한 고객에게도 제품을 추천할 수 있다는 장점이 있는, 아마존이 추천하는 방식의 새로운 버전인 셈이다. 예를 들어 어느 날 고객이 백화점에 방문해서 제품과 관련된 전자 태그를 터치하거나 스마트 버튼을 눌렀다면, 이 데이터를 활용해 개인 정보를 몰라도 고객의 취향에 맞는 제품을 오프라인 환경에서 손쉽게 추천할 수 있다. 이러한 모델이 실행되기 위해서는 무엇보다도 고객의 스마트폰이 제품을 인식해야 한다. 고객과 스마트 기기로 상호작용하지 않으면 불가능한 서비스다.

마술은 누구나 좋아한다. 고객에게 마술을 선보이는 것과 같이 스마트한 서비스를 제공해야 한다. 고객의 뇌리에 새겨지는 동시에 스마트폰에도 담긴다면 오랜 관계를 지속할 수 있다. 그것이 바로 스마트하고 지속가능한 경영이다.

사용자 중심의 혁명이 시작된다

신용카드로 결제를 할 때마다 한 가지 의문이 든다.[3] "돈을 지불하는 사람은 나인데, 왜 돈을 받는 사람에게 내 신용카드를 줘야 하지?"라는 것이다. 돈을 줄 사람과 받을 사람 중 누가 누구에게 금융 정보를 주는 것이 합리적일까? 누군가에게 돈을 입금할 때 받는 사람의 계좌번호를 확인하고 보내는 것처럼, 돈을 받을 사람의 금융 정보를 지불할 사람에게 제공하는 것이 일반적이다. 그런데 신용카드는 이와 반대다. 왜 그럴까?

가장 큰 이유는 기존에는 사용자가 네트워크와 연결된 컴퓨터를 갖고 다니지 않았기 때문이다. 그래서 사업장의 컴퓨터가 부가가치통신망VAN과 같은 네트워크에 연결되어 사용자의 신용을 확인하고 결제를 진행했으며, 이 과정에서 신용카드 정보가 해킹되거나 오용되는 일이 발생하곤 했다.

이제 거의 모든 사용자가 컴퓨터를 갖고 다닌다. 사업장의 신용카드 리더보다 더 성능이 좋은 스마트폰을 갖고 있고 4G, LTE 네트워크로 무장되어 있으며, 이러한 컴퓨터와 네트워크의 성능은 갈수록 향상되고 있다. 스마트폰으로 무장되어 능력이 확장된 포노사피엔스의 세상에서는 돈을 지불할 사용자의 스마트폰에 돈을 받아야 하는 사업자의 수취 계좌 정보가 전달되어 네트워크로 연결해 결제를 처리할 수 있다. 사업자의 수취 계좌 정보는 해킹되어도 무용한 정보다. 이것은 돈을 받는 데 쓰는 것이지 사용하는 데 쓰는 것이 아니기 때문이다.

우리는 이미 2006년에 사용자 스마트폰으로 결제하는 비즈니스 모델에 대한 연구 결과를 발표한 바 있다.[4] 포노사피엔스 시대에는 오프라인 매장에 방문한 고객이 제품을 직접 보고 만지는 등 체험을 하고, 스마트 버튼을 눌러 제품에 대한 온라인 정보를 얻고, 구매를 원할 경우 개인의 스마트폰이 컴퓨터의 역할을 수행하는 결제 모델로 사용될 수 있을 것이다. 길거리의 공영 주차장 요금 역시 신용카드가 아니라 스마트폰으로 직접 결제하는 방식이 되어야 할 것이다.

과거에는 사람들이 자신의 아이덴티티를 확인할 수 있는 학생증이나 회원 카드 등을 갖고 다니고 공간의 리더가 이를 인식하도록 하는 형태가 대부분이었다. 이러한 형태는 사업자의 업무 프로세스 효율을 향상시킬 수는 있었지만 사용자 입장에서는 현장에서 어

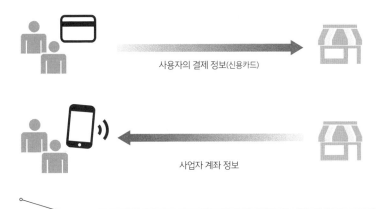

기존 결제 모델(위), 사용자 중심 결제(아래)

사용자의 결제 정보(신용카드)

사업자 계좌 정보

떤 온라인 서비스도 받을 수 없다는 단점이 있었다.[5] 우리는 오프라인 공간에 리더를 설치하는 것과 태그를 설치하는 것, 이 두 가지 모델 각각의 사업 비용을 분석해보았다.[6] 그 결과 사용자 수가 많은 공간일수록 공간에 태그를 부여해 사용자의 스마트폰으로 인식하도록 하는 것이 경제적이라는 점을 알 수 있었다.

지하철에서 사람들은 더 이상 고개를 들지 않는다. 지하철 내부의 광고판에는 "핸드폰만 보는 당신! 거북이가 친구하자 해요 ㅜㅜㅜ… 가끔은 허리와 어깨를 펴고 앞을 보세요^^"라는 내용의 광고까지 등장했다. 인공지능이 발달한 미래 사회를 그린 영화 〈그녀Her〉에서 가장 현실적이었던 것은 인공지능 운영체제와 사랑에 빠진 주인공이 아니라, 옥외 광고가 사라진 지하철과 도시의 환경이었다.

앞으로 옥외 광고의 대부분은 사용자의 스마트폰이나 스마트 이어버드Earbud 속으로 흡수될 것이다. 그렇다고 영화 〈마이너리티 리포트Minority Report〉에 등장하는 장면처럼 사용자가 걷고 있는데 그 공간에 설치된 디스플레이를 통해 무차별적으로 전달되는 푸시 광고 형태는 아닐 것이다. 우리는 이미 근거리 무선통신 기술 비컨 기반의 푸시 형태 광고 비즈니스 모델의 실패와 키오스크 장치 기반의 서비스 제공 모델의 한계를 경험했다. 모든 서비스는 사용자의 위치나 상황에 맞추어서 그들이 원하는 서비스를 원하는 시각에 스마트 기기로 전달해야 성공할 수 있다.

플랫폼에서는 사업자와 고객이 따로 없고 모두가 사용자다. 고객 중심 경영을 뛰어넘어 이제 능력이 나날이 확장되고 있는 포노사피엔스의 혁명이 도래하고 있다. 굳이 '혁명'이라는 말을 붙이는 이유는 기존의 사고를 버려야 하고, 기존의 구조를 뜯어고쳐야 하고, 역발상적인 비즈니스 모델이 필요하며, 결과를 이끌어내기까지 많은 난관이 기다리고 있기 때문이다. 세상은 계속 포노사피엔스 중심의 혁명을 요구할 것이다. 플랫폼 사업의 성공은 포노사피엔스 중심의 서비스와 비즈니스 모델을 실현해낸 기업의 몫이다.

모든 기업은
서비스 기업이다

+5

세계경제포럼과 제4차 산업혁명

　기술적 혁신과 이로 인해 발생하는 사회적, 경제적 비연속적Dis-ruptive인 변화를 산업혁명이라 한다.[1] 2016년 1월, 세계경제포럼World Economic Forum은 「미래의 일자리The Future of Jobs」라는 보고서를 발표해 제4차 산업혁명이 가까운 미래에 도래할 것이고, 이로 인해 일자리 지형 변화라는 사회 구조적 변화가 일어날 것으로 전망했다. 이 보고서는 제4차 산업혁명을 물리적 공간, 디지털 공간, 생물학적 공간의 경계가 희미해지는 기술 융합의 시대로 정의하면서, 사이버물리 시스템CPS, Cyber-Physical System에 기반한 제4차 산업혁명이 전 세계의 산업 구조와 시장 경제 모델에 큰 영향을 미칠 것으로 예측했다.

　세계경제포럼의 제4차 산업혁명에 관한 정의는 2010년 독일이 발표한 '하이테크전략 2020High-tech Strategy 2020'의 10대 프로젝트 중 하나인 '인더스트리 4.0Industry 4.0'을 확장한 것에 가깝다고 할 수 있는데, '인더스트리 4.0'이 주로 제조업 또는 공장의 스마트화를 염두에 둔 데 비해 제4차 산업혁명은 제조업뿐 아니라 사회 전반에 일어날 변화를 그 범위로 한다.

「미래의 일자리」는 제4차 산업혁명의 주요 변화 동인을 인구통계학 및 사회적, 경제적 관점과 기술적 관점으로 나눠 제시한다. 인구통계학 및 사회적, 경제적 관점에서는 업무 환경 변화와 유연한 근로 제도, 신흥 시장에서 중산층의 증가, 기후 변화와 천연 자원의 제약, 녹색 경제로의 전환 등을 주요 변화 요인으로 제시하고 있다. 기술적 관점에서는 모바일 인터넷과 클라우드 기술, 컴퓨팅 능력과 빅데이터의 성능 향상, 새로운 에너지 공급과 기술, 사물인터넷 등을 주요 변화 요인으로 꼽는다.

이 보고서는 제4차 산업혁명이 비즈니스에 미치는 영향도 네 가지로 정리하는데, 고객의 기대가 변하고 있다는 점, 제품이 데이터에 의해 향상되고 이것이 자산 생산성을 증가시킨다는 점, 새로운 형태의 기업 간 협력 모델이 등장한다는 점, 기업의 운영 모델이 새로운 디지털 모델로 바뀌어나간다는 점을 제시한다. 또한 이제는 고객을 전통적인 인구통계학적 세그먼트Segment로 보아서는 안 된다고 주장한다. 고객이 얼마나 자신의 데이터를 공유하고 연결하는가에 따라 잠재적 고객이 검출된다는 것이다. 기업이 고객 중심적으로 사고하는가의 여부는 실시간 데이터를 분석해 고객을 타깃팅하고,

그 고객에 적합한 서비스를 제공하는가에 의해 판가름 난다고 설명한다.

새로운 협력 모델에서는 특정 스킬이 부족하고 진화하는 고객 니즈에 덜 민감한 기존 기업과, 자본력이 부족하고 기업 운영을 통한 데이터를 축적하지 못한 스타트업이 상호 협력해야 함을 강조한다. 새로운 기업 운영 모델에서는 플랫폼 전략, 데이터 기반의 비즈니스 모델, 보안 시스템에 대한 투자 필요성, 그리고 재능 있는 인재를 영입하기 위해 조직 구조가 계층적이기보다는 좀 더 네트워크화되고 협력적인 모델로 가야 한다는 점 등을 언급한다. 인재들의 근무 환경을 위한 웨어러블Wearable 기술 적용 가능성도 제기하고 있는데, 이는 클라우드를 통해 계속적으로 데이터가 유입됨에 따라 조직 내 근무 환경 역시 최선의 상태를 유지해야 하기 때문이기도 하다.

한편으로 세계경제포럼에서 제시하는 내용은 언제나 비판적으로 접근할 필요가 있다. 세계경제포럼의 보고서는 한마디로 비즈니스 클래스 라운지를 이용하는 고객을 위한 특별 매거진과 같은 느낌을 준다. 말 그대로 임금 노동자보다는 경영자와 기업 소유자의 고민과 의식 세계를 반영하고 있기 때문이다. 이러한 세계경제포럼의 성격을 비판하면서, 2001년부터는 세계사회포럼World Social Forum이 결성되어 지금까지 활동을 이어오고 있다. 따라서 세계경제포럼의 주장은 세계사회포럼의 반론 또는 대안 제시와 균형 있게 다뤄질 필요가 있다.

AI가 공장을 관리한다

　독특하고 화려한 꽃무늬 티셔츠를 구매한 적이 있다. 직업상 파격적인 패션이라고 생각했기 때문에 주변 사람들의 반응이 궁금했다. 그러나 그 옷을 입고 탄 지하철에서 생각이 바뀌었다. 비슷한 옷을 입은 사람들이 매우 많았기 때문이다. 몇 해 전부터 겨울철이면 많은 사람들이 일명 '연예인 패딩'이라고 불리는 롱패딩 점퍼를 입고 다닌다. 롱패딩 점퍼를 입고 함께 다니는 중고등학생들의 뒷모습을 보면 누가 누군지 분간이 안 될 정도다. 이러한 현상들은 모두 공장이 생기면서 대량생산이 가능해졌기 때문이고, 19세기에는 이를 혁명이라 불렀다. 그러나 환경은 점차 변화하고 있다. 20대의 소비에 가장 큰 영향을 미치는 것은 '취저(취향 저격)', 즉 내가 구매하고자 하는 것이 나의 취향에 맞는지 여부다.

서울 성수동의 한 수제 맥주 판매점은 양조 시설을 갖추고 있다. 여기서 만드는 맥주 종류만 80여 가지인데, 다양한 맥주를 마셔보고 자신에게 맞는 맥주를 찾는 재미도 있다. 기존에는 공장에서 대량생산된 일률적인 맛의 맥주를 즐겼다면, 이제는 내 입맛에 따라 선택할 수 있게 된 것이다.

서울 명동의 한 구두 매장은 고객의 발에 딱 맞는 구두를 제작해주는 것으로 손님을 끌어모으고 있다. 매장을 방문하면 3D 스캐너를 사용해 고객의 발 길이, 발볼 너비 등 20여 가지 항목을 1분 이내에 측정한다. 그리고 마음에 드는 디자인을 고르면 기성화 가격 그대로 내 발에 맞는 신발을 제작해준다. 고객의 취향에 맞는 제품을 합리적인 가격에 구매할 수 있는 새로운 소비 시대가 열리고 있는 것이다.

이러한 일이 어떻게 가능하게 되었을까? 다양한 이유가 존재하지만, 대표적인 것으로 '스마트 팩토리Smart Factory'와 같은 새로운 생산 기술의 등장을 들 수 있다. 2017년 독일 하노버산업박람회Hannover Messe에서 가장 주목받은 기술 중 하나는 다품종 소량생산을 가능하게 하는 스마트 팩토리다. 지멘스는 박람회 현장에서 하나의 생산 라인에서 고객의 취향에 맞는 맞춤 음료를 바로 생산해낼 수 있는 스마트 팩토리 플랫폼을 선보이기도 했다. 오토바이 제조 회사인 할리데이비슨은 원래 오토바이 구입 후 각자의 취향에 맞게 튜닝할 수 있는 것이 특징이었다. 그러나 얼마 전부터 아예 고객의 취향에 따라 생산할 수 있게 되었다. 이 회사는 스마트 팩토리 플랫폼을 채택한 후 맞춤형 오토바이의 제작 기간을 21일에서 6시간으로 단축했고, 생산 비용도 100억 원가량 절감할 수 있었다. 스마트 팩토리 플랫폼에 부품, 설비 등 모든 것이 연결되고, 거기서 생성되는 데이터를 플랫폼이 분석해 통찰력을 제공한다. 그 데이터를 활용해 제품을 생산하는 새로운 사업 모델이 탄생되었고 스마트 팩토리를 통해 주문, 판매, 소비자 관리 등 모든 프로세스가 고객 중심으로 이뤄진다.

아디다스 역시 스마트 팩토리의 일종인 '스피드 팩토리Speed Factory'를 운영 중이다. 아디다스는 스피드 팩토리를 통해 맞춤형 신발을 5시간 이내에 제작해 24시간 안에 고객에게 배송한다. 이러한 일이 가능하기 위해서는 제품의 생산이 최종 고객과 가까운 곳에서 이뤄져야 한다. 과거 신발 제조와 같은 노동집약적 산업은 노동력이 싼 중국, 동남아시아 등에서 생산하는 것이 일반적이었다. 그러나 이제는 가급적 빨리 배송해야 하기 때문에 고객과 가까운 곳에 생산 시설이 있어야 하고, 이로 인해 국외에 있던 공장들이 다시 국내로 들어오는 '리쇼어링Reshoring 현상'이 나타나고 있다.

3D 프린팅 등의 기술을 통한 새로운 제조업의 모습도 볼 수 있다. 울산의 한 기업은 사람이 직접 작업하기에는 좁은 공간에서 사용 가능한 조선소 선체 연마 작업용 로봇을 1년 만에 개발한 바 있다. 이 기업에서 1년 만에 로봇을 개발할 수 있었던 것은 순전히 3D 프린팅 기술 덕분이다. 하나의 로봇을 개발하기 위해서는 수십, 수백 번 직접 만들어보고 실험하는 과정이 필요한데, 여기에는 많은 비용이

소요된다. 그런데 이 기업은 3D 프린팅을 통해 빠르고 저렴하게 테스트 로봇을 제작해 실험할 수 있었다. 꼭 3D 프린팅과 같은 기술이 아니라 하더라도 아이디어만 있으면 누구나 제품을 만들어낼 수 있는 시대다. 설계, 디자인, 제작, 유통 등 각 분야에 특화된 전문 기업이 많고, 수많은 정보가 공개되어 있기 때문에 1인 생산 기업도 등장하고 있다.

그렇다고 새로운 기술을 활용하는 사람만이 성공할 수 있는 시대인 것은 아니다. 누구나 한 번쯤은 화분을 키우다 물을 제때 주지 않아 죽인 경험이 있을 것이다. 이 경우 화분에 사물인터넷 스마트 센서를 장착해 스마트폰으로 화분의 생장 상태를 확인하고 언제 물을 줘야 하는지 알림을 받을 수 있다. 반면에 물을 제때 주지 않으면 기울어져 넘어지는 '오뚜기 화분'이라는 것도 있는데, 물을 주면 화분이 제자리로 돌아온다. 여기에 그다지 특별한 기술이 사용된 것은 아니지만 화초를 키우고 싶은데 혹시나 죽일까 봐 걱정되어 시도하지 못하는 사람들의 니즈를 해결할 수 있다. 중요한 것은 고객이 불편을 느끼는 점을 찾아 본질적으로 해결하는 일이다.

수요를 보고 서비스를 판다

　기존의 제조 회사가 하는 일은 제품을 만들어 고객에게 판매하는 것이 전부였다. 따라서 성능이 좋은 제품을 얼마나 저렴한 값에 고객에게 제공하느냐가 기업의 경쟁력을 좌우했다. 그러나 많은 기술들이 개발되고 공유됨에 따라 제품 간의 성능 차이는 점차 줄어들고, 제품을 판매하는 것만으로는 기업 성장이 어려워진 것이 사실이다. 제품만 판매하는 시대가 아니라 서비스를 판매하는 시대가 도래한 것이다. 그러한 시대는 어떻게 펼쳐질 것인가?

　초등학생 자녀를 둔 A씨는 퇴근 후 어린이집에서 아이를 데리고 집으로 돌아오는 길에 스마트폰 애플리케이션을 통해 미리 에어컨을 틀고 로봇 청소기를 작동시킨다. 그리하여 쾌적한 집이 A씨와 아이들을 맞이한다. 이전에는 가전제품에 이상이 생겨도 실제로 경험하기 전까지는 이 사실을 잘 알 수 없었고 고객센터에 직접 연락을 해야 했는데, 이제는 가전제품이 알아서 진단하고 수리를 요청한다. 즉 제품의 관점에서 고객의 다변화된 요구 사항을 획일적인 형태의 제어나 동작 상태가 아니라 개개인에 대한 맞춤 서비스를 통해 적극 대응할 수 있게 된 것이다.

2016년 북미국제오토쇼North American International Auto Show에서 포드는 '포드패스FordPass'를 발표했다. 포드패스는 새로운 자동차 이름이 아니라 차량 진단, 주차 공간 예약 및 결제, 자동차 공유, 사용자의 연계 로열티 프로그램 등으로 구성된 서비스 모델이다. 이는 운전을 하는 사람들이 이용하게 되는 전반적인 서비스를 자동차 제조 회사인 포드가 직접 제공하겠다는 것으로, 이제는 자동차 판매만으로 살아남을 수 없다는 포드의 위기의식이 가져온 결과다.

2017년 스페인 바르셀로나에서 열린 모바일월드콩그레스Mobile World Congress에서는 자동차 기업들의 경쟁이 두드러졌다. BMW는 업계 최초로 외부에서 주차를 할 수 있는 자동 주차 시스템을 선보였다. 운전자가 손목에 스마트 워치를 착용한 상태에서 흔들기만 하면 자동으로 주차가 되는 것이다. 이러한 모습 역시 제품에 서비스가 더해진 것이라 할 수 있다. 기존 자동차에 주차를 쉽게 할 수 있는 서비스가 더해짐에 따라 주차를 어려워하던 운전자들에게 새로운 가치를 제공하게 된 것이다.

부엌 가구 전문 기업 한샘은 2003년 약 4817억 원의 매출을 올리면서 호황을 누렸으나 비슷한 제품을 생산하는 새로운 기업의 등장 등으로 점차 어려움을 겪게 되었고, 여기에 경기 침체까지 겹치면서 최대 위기를 맞게 된다. 위기를 타개하기 위해 한샘은 단순 가구 제조 회사가 아닌 인테리어 서비스 기업으로 변신을 꾀한다. 가구만 판매했던 과거와 달리 고객의 요구에 맞춰 인테리어를 해주고, 집안 분위기에 맞는 가구를 판매하기 시작한 것이다. 또한 지속적인 사후 관리로 고객들의 충성도를 높이는 데 성공했다. 그 결과 2006년 3896억 원이었던 매출이 서서히 증가해 2017년에는 2조 625억 원을 달성하게 된다.

고객이 원하는 시간에 물품이나 서비스를 모바일 네트워크를 통해 즉각적으로 제공하는 경제 시스템을 '온디맨드 경제On-Demand Economy'라고 한다. 카카오 택시나 우버가 대표적인 사례다. 내가 원할 때 내 자동차를 가져가 세차 후 다시 가져다주는 '와이퍼YPER'라는 서비스도 있고, 매주 3~5벌의 셔츠를 정기적으로 세탁해 가져다주는 '위클리 셔츠Weekly Shirts'라는 서비스도 있다. 이 셔츠는 여러 명이 함께 공유하는 셔츠일 수도 있고, 서비스 종류에 따라 나 혼자 입는 셔츠일 수도 있다.

아마존은 2017년 '아마존 프라임 옷장Amazon Prime Wardrobe' 서비스를 시작했다. 고객은 아마존에서 의류, 신발, 액세서리를 3개 이상 선택한 후 주문한다. 상품을 배송 받은 후 일주일 이내에 직접 착용해보고 마음에 드는 상품을 구매하거나 반송할 수 있다. 배달된 상품 중 3~4개 품목을 구매하면 10퍼센트 할인이 적용되고, 5개 이상 구매하면 20퍼센트까지 할인된다. 반송은 반품 박스에 담아 택배로 보내면 된다. 고객은 이 서비스를 이용하기 위해 약 11만 원의 연회비를 내기만 하면 된다.

이제 세상의 모든 것이 서비스화되고 있다. 기업은 제품과 소비자의 관계를 새롭게 통찰해야 하는데 그 과정에서 새로운 서비스와 일자리가 창출될 것이다. 이러한 빠른 변화에 대응하기 위해서는 조직이 유연하고, 혁신 기술과 제품 개발, 그리고 의사 결정이 빠르게 이뤄질 수 있는 스타트업이나 중소기업을 육성할 필요가 있다.

2016년 한국을 방문한 세계경제포럼의 클라우스 슈밥Klaus Schwab 회장은 국회 초청 대담에서 "오늘날은 큰 물고기가 작은 물고기를 잡아먹는 게 아니라 빠른 물고기가 느린 물고기를 잡아먹는다"고 하면서 대기업과 강소기업, 히든 챔피언이 공존하는 독일에 비해 한국은 대기업이 제4차 산업혁명의 생태계에 변화를 주지 못하고 있음을 지적하기도 했다. 한국은 대기업 중심의 산업 구조에서 탈피해, 제4차 산업혁명에 빠르게 대응할 수 있는 스타트업과 중소기업을 육성해야 한다.

이를 위한 작은 시도들이 이뤄지고 있는데, 한때 한국의 최대 종합 전자 상가였던 '세운상가'에 스타트업 육성을 위한 창업 공간이 만들어진 것이 그중 하나다. 스타트업은 창의적인 아이디어를 갖고 있지만 이를 기술적으로 구현하는 데는 많은 어려움이 따른다. 그런데 세운상가에는 이러한 기술적 어려움을 해결할 수 있는 수많은 전문 기술자들이 있다. 마음만 먹으면 탱크도 만들 수 있다던 세운상가의 새로운 부활이 시작되는 것이다. 세운상가 내에서 실험과 개발부터 제작, 상품화까지 이어지는 플랫폼이 만들어지고 있기 때문이다. 생산과 소비 혁명의 시대에 중요한 것은 융합이다. 각기 다른 영역이 서로 융합하고 산업 구조 전반에서 혁신이 이루어질 때, 미래를 이끌어나가는 힘이 생길 것이다.

오프라인에
온라인 서비스가 결합된다

+6

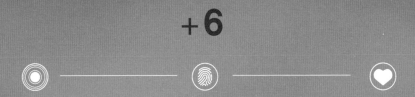

반가사유상 곁으로 다가가보세요

전시 공간은 실세계와 소통하는 작업이 비교적 빨리 시작된 곳이다. 다양한 예술 작품을 감상하는 공간이기도 하지만, 관람객들이 보다 많은 정보를 얻길 원하기 때문에 전시물이나 전시 공간 그 자체가 관람객들과 소통할 수 있도록 조정하는 노력이 일찍부터 있었다. 전시를 하는 사람들은 "제대로 된 설명을 시간의 제약 없이 제공할 수 없을까?", "전시 공간에서 특정 관람객이 어떤 전시물에 관심을 보였는지 확인할 수 없을까?", "어떤 전시물이 인기가 있는지 알아볼 수 있는 방법이 없을까?", "관람객이 우리 전시장을 더 많이 찾을 수 있도록 하는 방법은 없을까?", "관람객을 더 오래 머무르게 할 수 있는 방법은 없을까?" 하고 늘 고민한다. 한편 관람객들은 시간에 구애받지 않고 전시를 즐길 수 있는 콘텐츠를 필요로 하고 그 콘텐츠를 저장해서 친구들과 공유하고자 한다.

이러한 고민들을 해결해주는 서비스 중 하나가 국립중앙박물관 금관실과 반가사유상실의 스마트 가이드 서비스다. 관람객들은 자신의 스마트폰으로 전시물 주변의 NFC 태그를 터치해서 전시물에 대한 설명, 이미지, 오디오 가이드, 관련 기념품 및 서적 정보 등을 확인하고 소셜미디어 서비스와 연동해 댓글도 남길 수 있다.

이 서비스는 관람객들이 스마트폰을 NFC 태그에 가져다 대면 스마트폰 화면에 전시물 정보가 나오는 마술과도 같은 경험을 제공했고 국립중앙박물관은 세계 최초로 NFC 서비스를 제공한 사례로 국내외 언론에 소개되어 큰 관심을 받았다. 서비스에는 오디오 가이드도 포함되었는데, 그 특징은 기존 종이 책에 있는 내용을 그대로 읽어주는 것이 아닌 제3의 콘텐츠, 즉 확장된 서비스를 제공했다는 것이다. 다음은 반가사유상 오디오 가이드 지문의 일부다.

입가에 잔잔한 미소를 머금고 있는 불상이 보이시나요? 바로 국보 제78호 금동 반가사유상입니다. (중략)

자, 반가사유상으로부터 아주 조금만 떨어져볼까요? 약간의 거리를 두고 서면, 반가사유상의 단순하지만 균형 잡힌 자세가 한눈에 들어올 거예요. 아주 편안해 보이지 않나요? 여러분도 반가사유상과 함께 잠시나마 명상의 시간을 가져보세요.

이제 다시 반가사유상 곁으로 바짝 다가가보세요. 먼저 머리 위에

국립중앙박물관 스마트 가이드 서비스

쓴 관을 보면, 해와 달 모양으로 되어 있는 걸 볼 수 있어요. 그래서 이러한 형태의 보관을 일월식 보관이라 부르기도 하지요. (후략)

마지막으로 감상이 끝나셨다면, 'SNS 공유' 버튼을 눌러 반가사유상에 대한 여러분의 느낌을 남겨보세요. 다른 관람객은 어떤 느낌을 표현했을지 궁금해지는군요.

반가사유상 오디오 가이드는 관람객들이 반가사유상 앞에 있다는 것을 고려해, 즉 관람객들이 현장에 있다는 것을 중요한 기준으로 삼아 스마트 상호작용 콘텐츠를 제공했다. 그 결과 현장에서는 오디오 가이드에서 제시하는 대로 반가사유상 근처에서 앞뒤로 움직이는 사람들을 볼 수 있었고, 관람객들의 댓글 수는 증가했다.

스마트하게 상호작용하는 확장된 서비스의 중요성은 다른 사례에서도 찾아볼 수 있다. 2017년 한 통신사는 오프라인 매장을 스마트 매장으로 바꾸기 위해 제품 옆의 스마트 버튼을 누르면 관련 콘텐츠가 고객의 스마트폰에서 제공되는 서비스를 마련했다. 그런데 제공되는 콘텐츠는 현장형이 아니라 기존 웹 페이지에서도 볼 수 있는 스마트폰과 통신사 제품 관련 텍스트, 이미지, 동영상이었다. 매장에 들어온 고객은 처음에는 곳곳에 설치된 스마트 버튼에 흥미를 느꼈지만, 제공되는 콘텐츠가 별다른 가치를 전달하지 못함을 알고는 더 이상 사용하지 않았다.

2014년에 한국 정부는 NFC 태그를 활용한 약수터 안심 이용 서비스 사업을 벌였다. 기존 약수터에 부착되어 있던 종이 형태의 수

질 검사표는 훼손이나 변조의 가능성이 있기 때문에 이를 태그를 이용해 제공하자는 것이었다. 또한 놀이터의 안전시설 점검 정보 등을 태그를 통해 제공하는 사업도 함께 진행했는데, 이 두 서비스 역시 제3의 콘텐츠가 없었던 탓에 활성화되지 못했다. 우리가 생각하는 실패의 가장 큰 이유는 동일한 콘텐츠의 반복 제공이다.

실세계에서 소통하는 서비스의 경제적 가치는 그 서비스가 사용되는 횟수와 그 시스템이 한 번 사용될 때마다 발생시키는 경제적 가치의 곱으로 결정된다.[1] 여기서 사용되는 횟수는 하루 사용자 수와 시스템 사용 가능성, 시스템의 물리적 수명의 곱으로 결정되기 때문에 사용 가능성이 높을수록 사용되는 예상 횟수는 높아질 수밖에 없다.

약수터 안심 서비스를 생각해보자. 아마도 한 번 이 서비스를 사용한 사람은 최소 한 달 이상은 이용하지 않을 것이고, 이는 예상되는 사용 횟수가 0에 가까울 수밖에 없음을 의미한다. 그런데 약수터 안심 서비스의 내용을 조금 바꾸면 어떻게 될까? 수질 검사 정보뿐 아니라 오늘 우리 동네에서 진행되는 문화 행사나 이벤트, 동네 마트의 할인 행사 등이 함께 제공된다면? 아마 어제 이 서비스를 이용한 사람이라 해도 어제의 콘텐츠와 오늘의 콘텐츠가 다르기 때문에 오늘 또 이용하게 되지 않을까? 사용자가 기대하지는 않았지만 그럼에도 가치를 줄 수 있는 서비스, 즉 세렌디피티가 있는 서비스를 제공해야 한다.

제3의 콘텐츠가 중요하다

오프라인 비즈니스가 위기에 처했다는 말이 심심찮게 들린다. 백화점은 마이너스 성장을 하고 있고, 온라인 상거래 플랫폼은 전자상거래의 한계를 극복하면서 오프라인 상거래를 위협하고 있다. 그 대표적인 예가 쿠팡의 '로켓 배송'이다. 과거 전자상거래는 고객이 주문을 하면 배달까지 최소 이틀 이상이 소요되었다. 이런 이유로 빨리 사용해야 하는 물건은 오프라인 상점에서 구매할 수밖에 없었다. 그러나 쿠팡의 로켓 배송은 오늘밤 12시 안에 주문하면 바로 다음날 받아볼 수 있다. 아마존은 고객이 주문을 하면 30분 이내에 드론을 통해 배송을 완료하는 '아마존 프라임 에어 Amazon Prime Air' 서비스를 지속적으로 실험하며 개선하고 있다.

사람들이 오프라인 매장에서는 구경만 하고 실제 구매는 온라인 사이트를 이용하는 현상을 일컫는 쇼루밍Showrooming도 빠르게 확산되고 있다. 미국 최대 전자제품 유통 업체 베스트바이는 고객이 스마트폰 애플리케이션을 통해 바코드를 읽어 가격 비교를 할 수 없도록 베스트바이만의 바코드를 부착하기도 했지만, 실효를 거두지 못했다. 옥외 광고 산업 역시 어려움을 겪고 있으며, 실제로 중국의 옥외 광고 시장은 마이너스 성장을 하고 있다.

그렇다면 왜 오프라인 비즈니스는 어려움을 겪게 되었을까? 다양한 이유가 있겠지만 우리는 오프라인 비즈니스가 스마트폰 사용 경험 수준 이상의 어떤 '스마트'함을 고객에게 제공하지 못하기 때문이라고 생각한다. 이제는 오프라인에서 제품을 판매하거나 서비스를 제공하는 데서 그치지 않고 사용자 데이터를 지속적으로 관리해 서비스를 개선하고 새롭게 설계해야 한다. 이를 위해서는 오프라인에 온라인의 DNA를 도입해야 하고 자동화와 맞춤 서비스를 조화롭게 제공해야 한다. 오프라인에서의 서비스를 위한 자산, 즉 콘텐츠를 온라인에서 활용하는 전략도 필요하다.

전형적인 오프라인 비즈니스 중 하나는 다양한 예술 작품을 판매하는 갤러리다. 앞서 소개한 여니갤러리에서는 오프라인에서의 스마트 서비스를 위한 콘텐츠를 온라인에서도 적극 활용하는 전략을 취하고 있다.[2] 예를 들어 페이스북에 전시 작품과 관련된 콘텐츠를 게시하고 이를 적극 홍보한다. 즉 온라인 마케팅을 진행하는 것이다. 이는 온라인상에서 다양한 사용자들에게 노출되고, 이들이 실제로 갤러리를 방문하게끔 유도하는 현상으로 연결된다. 갤러리를 방문한 고객은 작품 옆에 부착된 스마트 버튼을 눌러 페이스북에 게재된 설명 콘텐츠를 보는데, 이때 페이스북에서 제공하는 설명은 온라인에서 보았던 것과 동일할 수 있지만 고객이 받는 느낌은 매우 다르다. 바로 눈앞에 작품이 있고, 이때야 비로소 자신이 그 작품을 감상했다고 말할 수 있기 때문이다. 이것이 오프라인에서의 고객 경험의 강화다.

작품을 본 고객은 페이스북에 감상평을 남기고 이 감상평 콘텐츠는 페이스북을 통해 고객의 친구들에게 전달되는데, 이는 온라인과 오프라인이 연계된 일종의 바이럴 마케팅이다. 이러한 바이럴을 통해 예술 작품이 거래된다. 또한 고객이 감상평을 남기면, 이는 갤러리가 만든 콘텐츠가 아닌 제3의 콘텐츠가 된다. 사업자와 고객이 함께 만든 새로운 콘텐츠로 변화하는 것이고, 기업과 고객이 공동으로 가치를 창출한 것이다. 온·오프라인에서의 마케팅을 통해 전시회와 작품이 홍보되면 당연히 작품의 주인인 작가도 유명해진다. 기존에는 전시회에 가야만 작품과 작가에 대해 알 수 있었지만 이제 작품이 미디어가 되어 작가의 명성이 확장된다. 이러한 서비스를 제공하는 갤러리는 당연히 작가들에게 좋은 평을 받을 수밖에 없고, 갤러리 역시 좋은 작가들을 선별해 전시회를 열 수 있다. 이 모든 결과는 갤러리의 궁극적인 목적인 작품의 거래로 이어진다.

아직은 많은 오프라인 사업자들이 제3의 콘텐츠의 필요성을 깨닫지 못한 채 오프라인 사업의 몰락을 그저 지켜만 보고 있다. 온라인

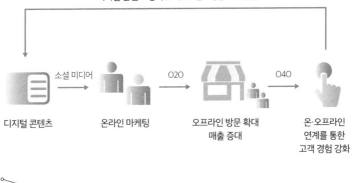

온·오프라인의 선순환

디지털 콘텐츠 강화(고객과 기업의 공동 가치 창출)

디지털 콘텐츠 | 소셜 미디어 → 온라인 마케팅 | O2O → 오프라인 방문 확대 매출 증대 | O4O → 온·오프라인 연계를 통한 고객 경험 강화

의 DNA를 이해하거나 습득하지 못한 것도 한 이유일 것이다. 오프라인에 온라인 서비스를 결합할 때 제3의 콘텐츠로 소통해야 한다. 오프라인에서 스마트하게 사업하기 위해서는 제3의 가치를 제공하는 제3의 콘텐츠가 있어야 한다.

적절한 보상이 참여를 유도한다

현대자동차는 2013 서울모터쇼의 현대자동차관에서 NFC 기반 박람회 지원 서비스를 제공했다. 9개의 전시 구역에 NFC 태그를 설치해 관람객이 스마트폰으로 터치하면, 전시되어 있는 차량에 대한 설명을 듣고 시승 예약도 할 수 있는 서비스 등이었다. 룰렛 게임도 할 수 있도록 해 결과에 따라 경품을 제공했는데, 이는 관람객들이 현대자동차관에 좀 더 오래 머무르면서 전시 구역 곳곳을 관람하도록 유도하기 위한 장치였다.

관람객들이 NFC 태그를 터치하면 자신의 소셜미디어 서비스에 감상평을 남길 수 있는데, '좋아요' 버튼을 누르면 즉석 경품 이벤트에 응모하는 기회를 주기도 했다. 관람객들이 자신의 소셜미디어 서비스에 감상평을 남기도록 한 것이 그들의 친구들을 대상으로 홍보를 하기 위한 목적이었다면, '좋아요' 버튼을 누르도록 한 것은 그들의 페이스북 페이지에 현대자동차의 포스팅이 지속적으로 노출될 수 있도록 채널을 형성해 관람객과 현대자동차 사이의 지속적인 관계를 구축하기 위함이었다.

이러한 서비스는 10일 동안 약 3만 2000명의 관람객이 약 8만 9000회 사용되었다. 1400여 명의 관람객이 자신의 소셜미디어 서

2013 서울모터쇼 현대자동차관 NFC 서비스

비스에 3117개의 감상평을 등록했고, 5000여 명이 현대자동차 페이스북 페이지의 '좋아요' 버튼을 눌러 현대자동차와 지속적인 채널을 갖게 되었다. 약 10억 원의 경제적 가치를 창출한 것이다.[3]

현대자동차의 NFC 기반 박람회 지원 서비스가 성공을 거둔 데는 다양한 원인이 있겠지만 서비스 곳곳에 적절한 보상을 부여해 관람객의 참여를 적극 이끌어낸 것이 가장 큰 요인이 아니었나 생각한다. 서울모터쇼에는 10일간 약 100만 명이 방문하는데 현대자동차가 준비한 선물은 몇만 개에 불과했다. 제한된 경품을 나눠주려면 관람객들을 한 시간 또는 30분에 한 번씩 모아서 퀴즈 등의 이벤트를 진행하는 방법밖에 없다. 그렇지 않으면 첫날에 모든 경품이 동날 수도 있는 것이다. 그러나 NFC 태그를 통해서 서비스를 제공하는 동시에 룰렛 추첨 방식으로 경품을 제공하는 것은 제한된 선물을 고객들에게 배분하는 좋은 방법이었다. 실제로 현장에서는 경품을 받기 위해 9개의 전시 구역을 모두 방문하는 관람객들을 종종 볼 수 있었다. 현대자동차 관계자는 NFC 기반 박람회 지원 서비스가 기업이 잠재 고객에게 경품을 제공하는 방법의 혁신을 가져왔다고 평가하기도 했다. 현대자동차관 NFC 기반 박람회 지원 서비스의 생생한 현장은 유튜브에서 찾아볼 수 있다.

2017년 네슬레 코리아는 육아 관련 제품을 전시하는 베이비페어에서 스마트 버튼 기반 박람회 지원 서비스를 제공했다.[4] 다양한 제품이 전시되었는데, 한 번에 많은 고객들이 방문하는 현장에서는 직원들이 모든 사람들을 상대하기란 쉽지 않다. 또 직원들마다 습득한 정보의 수준이 달랐기 때문에 효율적으로 관람객들을 응대하기 위한 방법이 필요했다. 기존 박람회에 참여하면서 불편함을 느꼈던 종이 설문지의 문제도 극복하고자 했다. 네슬레 코리아관 입구에 설치된 스마트 버튼을 누르면 전시관 전체의 정보를 보여주는 '인포 데스크' 서비스가 등장한다. 이어서 아이의 발육 상태를 확인할 수 있는 질문이 관람객의 스마트폰에 나타나는데, 답변 내용에 따라 네슬레 코리아의 추천 제품이 표시된다. 육아 팁을 알려주는 '1000일 존' 서비스도 함께 제공되었다.

또한 네슬레 코리아의 다양한 제품이 진열된 곳에 자리한 스마트 버튼을 누르면 식재료를 선택할 수 있는 화면이 관람객의 스마트폰에 나타나는데, 이를 통해 퀴즈를 풀 수 있는 '거버 DP 존Gerber DP Zone', 스마트폰으로 설문 조사에 참여할 수 있는 '모바일 설문 조사 서비스', 경품에 응모할 수 있는 '추첨Lucky Draw' 서비스 등을 제공했다. '1000일 존' 서비스, '거버 DP 존', '모바일 설문 조사 서비스'를 모두 참여한 관람객들에게는 유용한 기념품도 증정했다.

네슬레 코리아관 스마트 버튼 기반 박람회 지원 서비스는 4일간 약 5100명의 관람객이 약 2만 회 사용되었다. 적은 비용으로 다수의 고객을 응대한 효율적인 서비스라 할 수 있다. 그리고 약 5000명의 관람객이 모바일 설문 조사에 참여했는데, 기존 종이 설문지를 활용할 경우에 들었던 디지털화하는 데 요구되는 비용이라든가 오류 발생 가능성 없이 고객의 설문 데이터를 확보할 수 있었다.

네슬레 코리아관 스마트 버튼 기반 박람회 지원 서비스는 네슬

제31회 베이비페어 네슬레 코리아관 스마트 버튼 서비스

레 코리아가 성공적인 마케팅 사례로 네슬레 글로벌에 보고할 만큼 큰 성과를 거둔 프로젝트였다. 이 프로젝트의 성공 요인 역시 사용자에 대한 적절한 보상이 주요했다. 단적인 사례로 '인포 데스크' 서비스의 경우 네슬레 코리아관 전체 정보를 확인하면 10퍼센트 할인 쿠폰을 제공했는데, 1일차에 너무 많은 관람객들이 서비스를 이용하는 바람에 손익 이슈가 발생, 2일차부터는 쿠폰을 제공하지 못하는 웃지 못할 일도 발생했다. 네슬레 코리아관 스마트 버튼 기반 박람회 지원 서비스의 생생한 현장 모습 역시 유튜브에서 찾아볼 수 있다.

사용자에게 적절한 보상을 제공했더라면 더 좋은 결과를 거뒀을 거라는 아쉬움이 남는 사례도 있다. 2017년 한 가전제품 제조 회사는 스마트 버튼을 활용해 스마트 리테일 서비스를 제공하는 프로젝트를 진행했다. 진열된 전자제품 옆에 스마트 버튼을 부착해서 고객이 이를 누르면 제품 관련 현장형 체험 콘텐츠를 제공한 것이다. 예를 들어 고객이 노트북 옆의 버튼을 누르면 배터리가 거의 다 닳았는데 주변에 콘센트가 없어서 난감했던 적이 있었는지 등과 같은 노트북 사용 경험을 묻고, 옆에 있는 보조 배터리를 노트북에 직접 연결하는 경험을 해보도록 유도하는, 고객의 선택과 관련된 현장형 체험 콘텐츠를 제공했다. 전시물에 대해 궁금한 점이 있을 때 이를 알려줄 사람을 찾기 어려운 박물관이나 많은 사람들이 한꺼번에 방문하는 박람회와 달리, 소매 공간은 내가 궁금한 점이 있을 때 이를 물어볼 수 있는 직원이 바로 곁에 있다는 특성이 있기 때문에 각 제품의 마케팅 포인트를 현장형 체험 콘텐츠로 제공한 것이다.

이러한 프로젝트에서 중요한 것은 고객으로 하여금 어떻게 새로운 서비스를 사용하도록 하느냐다. 『훅*Hooked*』에서 니르 이얄Nir Eyal은 고객이 어떤 문제에 직면했을 때 머릿속에 가장 먼저 떠오르는 해결책이 일상 행동을 지배하며, 따라서 고객의 습관을 유도하는 것은 고객의 생애 가치를 끌어올려 기업의 가치를 증대시킨다고 말한다.[5] 그리고 고객들은 보상을 기대하고 행위를 하기 때문에 적절한 가변적 보상을 제공하는 것이 중요하다고 강조한다. 그런데 앞서 언급한 가전제품 회사는 이 프로젝트에서 적절한 사용자 보상을 제공하지 못했다. 적절한 가변적 보상을 만들어냈더라면 더 적극적인 사용자의 행동을 이끌어낼 수 있었을 것이다.

연결완전성, 프라이버시, 보상의 관계

　초연결사회의 가장 중요한 특징은 사람-사물-공간-디지털 콘텐츠 사이의 연결완전성Seamlessness이라 할 수 있다. 실세계의 사물과 공간 등에 디지털 콘텐츠로 연결되는 링크가 내재되면, 사람이 아날로그 정보를 디지털 정보로 변환하는 비용을 아낄 수 있으므로 정보가 끊김 없이 흐르게 된다. 이를 통한 물리적 공간과 디지털 공간의 통합은 물리적 공간의 활동에서도 정보들이 디지털 공간처럼 끊김 없이 이용되어 두 공간에 구분이 없는 상태로 만드는 것이다. 이는 거래 비용을 감소시키고 거래 정보의 품질을 향상시키며 거래 과정을 투명하게 하는 결과를 가져온다.

　끊김 없는 정보의 활용은 이렇듯 긍정적인 효과를 가져다주지만 정보가 어디에, 어떻게 활용되느냐에 따라 경제 주체의 프라이버시를 침해할 수 있는 부정적 가능성도 내포하고 있다. 정보의 연속성이라는 특징이 정보의 수집을 용이하게 할 가능성을 가지고 있기 때문이다. 특히 실세계와의 소통이 활발한 사회에서는 개인의 정보를 체계적으로 저장할 수 있는데, 이것이 오용될 경우에는 프라이버시를 심각하게 위협받을 수 있는 가능성이 존재한다.

오른쪽 그림에서 보는 바와 같이 연결완전성과 프라이버시는 반비례 관계다.[6] 하나의 반비례 곡선상에서 참여자들은 여러 지점(B점, C점)을 선택할 수 있는데, B점 대신 C점을 선택한 사람은 연결완전성을 높이는 대신 프라이버시가 약화되고, 이때 약화된 프라이버시에 대해 적절한 보상을 제공받음으로써 해당 모델에 부담 없이 참여할 수 있게 됨을 의미한다. 한편 연결완전성과 프라이버시의 반비례 관계만이 중요한 것이 아니라 이 반비례 곡선 자체가 우상향(A점→B점)할 수 있다는 점에도 주목해야 한다. 이는 적절한 기술의 개발과 제도의 마련을 통해서 연결완전성과 프라이버시의 수준을 동시에 높이는 비즈니스 모델과 시스템, 정책 등을 만들어야 한다는 것을 의미한다.

서울시에서 시행하고 있는 '승용차 요일제'는 시민들이 자신의 생활 패턴을 고려해 일주일에 하루를 차량 운휴일로 선택하도록 한 교통 수요 관리 정책이다. 승용차 요일제에 참여하기를 원하는 사람들은 신청한 후 전자 태그를 받아 운전석 앞면 유리창 하단에 부착하면 된다. 기관은 교차로의 신호등 구간, 통행 혼잡 지점, 터널 등의

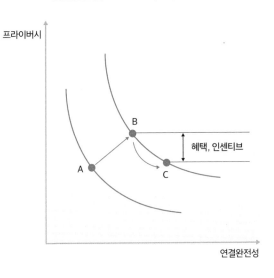

연결완전성, 프라이버시, 보상의 관계

교통 시설물에 전자 태그를 인식하는 리더를 설치해 운휴일의 준수 여부를 확인한다. 이 제도 참여자들은 차량에 전자 태그를 부착함으로써 공영 주차장 요금 20~30퍼센트 할인, 터널 혼잡 통행료 50퍼센트 할인, 거주자 우선 주차 구획 배정 시 가점 부여, 교통 유발 부담금 20퍼센트 할인, 자동차 검사·주유·세차·정비 요금 할인, 자동차세 할인 등의 혜택을 받게 된다.

승용차 요일제의 전자 태그 활용은 실패할 가능성이 높았는데 실제로 언론 보도를 통해 정책의 비효과성이 제기되었으며,[7] 현재는 전자 태그를 활용하지 않고 시민들이 자율적으로 자동차 운행 거리를 줄이면 마일리지를 제공한다. 이렇게 모은 마일리지로 모바일 상품권을 구매하거나 세금을 납부할 수 있는 '승용차 마일리지제'를 함께 시행하고 있다. 어떤 차량 소유자가 승용차 요일제에 참여하고 전자 태그를 자신의 차량에 부착한다면 그 소유자는 연결완전성을 높이는 주체가 된다. 그렇다면 앞의 그림에서와 같이 그 주체에게 프라이버시가 함께 높아지는 새로운 곡선을 제시하든가, 그럴 수 없다면 같은 반비례 곡선 내에서 연결완전성이 높아짐에 따라 낮아진 프라이버시에 대한 보상을 제시해야 한다.

물론 서울시의 승용차 요일제는 앞에서 언급한 다양한 혜택을 주고 있지만 중요한 것은 이러한 보상들이 전자 태그가 인식되었을 때 주어지는 것이 아니라는 사실이다. 서울시의 승용차 요일제는 전자 태그 부착을 '선언'한 차량에게 혜택을 주는 것이지, 그 전자 태그가 '인식'되었을 때(연결완전성이 높아졌을 때)에는 어떤 이익을 줄 가능성이 전혀 없으며, 오히려 전자 태그 인식이 어렵도록 훼손하는 것이 차량 소유자에게 이익인 구조로 되어 있다. 물론 배부된 전자 태그를 차량에 부착해 인증 사진을 등록해야만 혜택이 주어지고, 전자 태그를 떼어내거나 훼손할 경우, 그리고 특정 연도에 3회 이상 위반하는 경우에 모든 혜택이 중단되기는 하지만, 기관이 고의로 훼손한 것을 입증하지 못하는 한 차량 소유자는 전자 태그의 고의적 훼손을 부정할 것이다. 즉 전자 태그 리더는 전자 태그를 부착한 차량에게 혜택을 주기 위함이 아니라 감시하기 위해 존재하는 것이다. 따라서 승용차 요일제를 준수하는 차량 소유자는 전자 태그 리더에 의해 자신의 전자 태그가 인식되는 순간, 어떠한 혜택을 받는다는 느낌보다는 운행 정보를 수집 당한다는 느낌을 받는 것이다.

이와 관련된 성공 사례로는 한국도로공사의 '하이패스'를 들 수 있다.[8] 하이패스는 차량 내부의 단말에 하이패스 카드를 삽입한 후 하이패스 차로를 시간당 30킬로미터 이하의 속도로 무정차 주행하면, 적외선이나 무선 주파수 통신을 활용해 통행료가 지불되는 요금 수납 시스템이다. 하이패스 역시 차량 내부에 단말을 설치해 요금소의 장치와 상호작용을 함으로써 연결완전성이 높아지긴 하지만 차량의 운행 정보가 체계적으로 수집되기 때문에 프라이버시는 낮아지는 구조를 갖고 있다. 이는 서울시의 승용차 요일제와 동일한 구조다.

그러나 하이패스는 차량 내부의 단말과 요금소의 장치가 상호작용을 해야만 차량 운행자에게 통행 요금 할인과 요금소의 신속한 통과라는 혜택을 부여한다는 점에서 서울시의 승용차 요일제와 크게 차이가 난다. 즉 서울시 승용차 요일제는 연결완전성이 높아짐에 따라 낮아지는 프라이버시에 대한 보상을 실세계와 온라인 사이의 이음매 없는 소통을 통한 상호작용의 메커니즘 밖에서 설계한 탓에 오히려 실세계에 내재된 링크가 인식되지 않는 것이 사용자에게 이익인 구조지만, 하이패스는 실세계의 링크가 인식되어야 사용자에게 이익인 구조다. 또한 하이패스 단말을 설치하지 않은 차량은 기존 방법과 동일하게 요금소를 통과하면 되기 때문에 크게 달라지는 것은 없으며, 하이패스 사용자들을 통해 상대적 박탈감을 느낄 수는 있지만 차량 소유자의 효용 함수에 따라 사용 여부를 선택하면 된다.

새로운 거래를 만드는 혁신

+7

O2O, 방문과 거래를 부르다

오프라인 사업자들은 자신의 공간에 고객이 방문하도록 하는 것이 최대의 관심사다. 오프라인 사업을 하는데, 사람들이 아무도 오지 않는다면 무슨 소용이 있겠는가? 이런 일을 돕는 것이 바로 O2O Online to Offline, 즉 온라인에서 오프라인의 거래를 일으키는 서비스다.

친구들을 만나기 위해 약속 장소에 나갔는데 생각보다 1시간 정도 빨리 도착했다고 하자. 아마도 보통은 카페에 들어가 스마트폰으로 이것저것을 하면서 기다릴 것이다. 왜 그럴까? 딱히 그 1시간 동안 무엇을 해야 할지 모르기 때문이다. 그런데 어떤 문화예술 O2O 애플리케이션이 있다면 우리는 주변의 좋은 전시 정보를 얻을 수 있다. 마침 괜찮은 곳이 있어 방문하면 이 애플리케이션을 통해 작품에 대한 정보를 확인할 수 있고, 그것을 나의 페이스북에 공유할 수도 있다. 관심이 있는 콘텐츠는 별도로 저장하는 기능도 있을 수 있는데 사용자는 자신이 가고 싶은 곳을 저장하는 것이지만, 오프라인 사업자의 입장에서는 고객의 수요를 파악하는 수단으로 활용할 수 있다. 더구나 여기에 사물인터넷 기술이 더해져 고객이 오프라인 공간을 찾은 후 스마트 버튼 등으로 방문 확인을 할 수 있다면, 이는 새로운 광고 모델의 가능성을 제시하는 일이 될 것이다.

이렇게 사용자들이 자신의 관심사를 선언하거나 개인의 상황 정보를 공유하면, 그에 대한 보상으로 토큰을 제공해서 이를 통해 레스토랑이나 상점에서 직접 할인받을 수 있도록 한 비즈니스 모델이 이미 나와 있다. 결국 온라인 서비스를 통해 오프라인의 방문을 유도하고, 오프라인에서의 새로운 경험을 통해 공간과 고객 사이의 온라인 관계를 강화시키는 것이다.

온라인 게임이나 디지털 게임은 그동안 주로 오프라인에 있는 것들을 온라인화했다. 미디어 이론적으로 이야기한다면 '재매개화 Remediation'[1]다. 새로운 미디어가 나오면 그 미디어는 기존의 미디어를 재료로 해 새로운 사용자 경험을 만들어낸다. 사진은 회화를, 영화는 사진이라는 기존의 미디어를 재료로 하고, 비디오는 영화 필름에 오디오를 덧붙여 재매개화한다. 온라인 바둑 게임은 기존의 오프라인 바둑 게임을 온라인에서 디지털로 재현하고, 닌텐도 위는 기존의 오프라인 스포츠 게임을 온라인 게임으로 재현하는 것이었다.

그런데 2016년 세계를 강타한 포켓몬 고는 그 반대의 경우다. 포켓몬 고는 기존의 포켓몬 게임을 실세계로 확장한 것이다.[2] 그동안은 PC, 스마트폰에만 들어 있던 디지털 게임, 온라인 게임을 실세계로 확장한 것이다. 한때 스포츠용품 회사 나이키의 경쟁 상대는 아디다스가 아니라 닌텐도라는 말이 유행했다. 닌텐도가 위를 발표하면서 사람들은 집에서 운동을 하게 되었고, 이들은 실내에서는 나이키 운동화를 신거나, 모자를 쓰거나, 셔츠를 입을 필요성을 느끼지 못했기 때문에 닌텐도 위가 성공할수록 나이키는 시장을 빼앗기는 것으로 이해했다. 그러나 포켓몬 고가 성공하면서 나이키는 이제 닌텐도로부터 손해가 아니라 수혜를 입게 된다. 사람들은 밖으로 나가야 하고 오래 걸어야 하므로 나이키의 좋은 운동화가 필요하고, 모르는 사람들과 우연히 만나 같이 배틀도 해야 하기 때문에 나이키 모자나 셔츠가 더 필요할 수 있게 된 것이다.

포켓몬 고가 실세계로 확장하는 데 사용된 기술은 증강현실AR, Augmented Reality이다. 일반적으로 증강현실 기술과 가상현실VR, Virtual Reality 기술은 유사한 카테고리로 여겨지고 같이 설명되는 경우가 많은데, 사실 증강현실 기술과 가상현실 기술은 둘 다 3차원 컴퓨터 그래픽 기술을 사용한다는 점만 같을 뿐 그 기술이 지향하는 바는 정반대라고 할 수 있다. 가상현실 기술은 현실 공간이 아닌 상상의 공간을 창조하는 것을 지향하는 데 반해, 증강현실 기술은 현실 공간과 현실 사물을 재료로 재매개화하는 것을 지향한다.

포켓몬 고의 성공은 증강현실 기술의 킬러 애플리케이션이 드디어 탄생했다는 점에서 축하할 만한 일이다. 한편 포켓몬 고의 경영적 시사점은 온라인의 고객을 오프라인 상점으로 보내주는 O2O 서비스의 성격을 띤다는 것이다. 미국 아칸소 주 벤턴빌의 크리스털브릿지박물관Crystal Bridges Museum of American Art, 호주의 마트 체인 울월스Woolworths, 미국 미시간 주 디트로이트의 디트로이트 동물원Detroit Zoo은 포켓몬 고를 활용해 비즈니스를 홍보했다. 자신의 가게가 포켓 스톱임을 홍보하는 가게와 포켓몬을 자신들이 있는 위치로 데려올 수 있는 루어 모듈Lure Module을 사용하는 사람에게 할인해주는 펍도 등장했다.

트라이얼페이TrialPay의 CEO 알렉스 램펠Alex Rampell은 O2O가 사용자에게는 서비스 발견 메커니즘이고, 사업자에게는 트래픽 발생 메커니즘이며, 플랫폼에게는 성과 측정 메커니즘이라고 설명했는데,[3] 포켓몬 고는 O2O의 서비스 발견 메커니즘과 트래픽 발생 메커니즘을 작동시키는 것이다. 포켓몬 고 사용자들은 포켓몬이 어느 장소에 있다는 소식을 들으면 이왕이면 그 장소로 이동할 가능성이 있으며, 포켓 스톱이면 더욱 그 가능성이 커진다. 장소는 루어 모듈을 사용하는 사람에게 자신의 제품이나 서비스를 할인함으로써 더 많은 사용자를 유인할 수 있다.

한국에서는 한때 속초에서만 포켓몬 고가 이용 가능해 관광객이 몰린 것이 전형적인 사례다. 그동안 어떤 실세계 장소의 매력은 온라인 서비스의 존재 여부와는 상관이 없었다. 무료 와이파이 서비스가 되는 카페가 그렇지 않은 장소보다, 스마트폰 충전을 할 수 있는 장소가 그렇지 않은 장소보다 나은 경우는 있었다. 그러나 어떤 장소의 매력도가 그 장소에서의 온라인 서비스의 존재 여부에 의해 결정된 경우는 아마도 포켓몬 고가 세계 최초의 사례가 아닌가 싶다. 물론 사람들이 포켓몬이 나오는 어떤 식당에는 들어가지 않고, 그 앞의 주차장에만 북적거렸다는 보도도 있다. 사업장이 본질적 가치가 없을 때는 부가 혜택만 이용하고 실제 돈은 거의 쓰지 않는 실속 소비자, 즉 체리 피커Cherry Picker들만의 소굴이 되는 것은 어쩔 수 없다.

루브르박물관을 생각해보자. 루브르박물관에 가면 언제나 모나리자 작품을 감상하는 수많은 관람객들을 볼 수 있다. 과연 그 많은 관람객들은 모나리자가 어떤 작품인지 몰라서 그곳을 방문한 것일까? 존 어리John Urry는 2007년 출간된 그의 저서 『모빌리티Mobilities』에서 "우리는 우리가 가고 싶은 곳은 어디든지 갈 수 있다고 말할 수 있다. 하지만 우리가 가고자 선택하는 곳, 우리가 함께 가고자 하는 사람, 우리가 갔다 온 곳, 우리가 다음에 갈 것으로 예상되는 곳을 누군가 먼저 거기에 갔고, 그래서 알고 있는 경우에만 그렇다"고 말한다.⁴ 결국 우리는 우리가 가고 싶다고 하는 곳도 누군가 먼저 가서 그것을 우리에게 알려줬기 때문에 가고 싶어진 것이고, 비로소 그곳에 갈 수 있게 되는 것이다. 누군가에 의해 소개되고 노출되지 않은 곳은 우리가 갈 수 없다.

그렇다. 우리가 루브르박물관에 모나리자 작품을 보러 가는 것은 책과 온라인 등에서 수없이 모나리자를 봐왔기 때문이다. 온라인에서의 노출은 온라인에서 끝나는 것이 아니라 오히려 오프라인으로의 이동에 대한 욕구를 유발시킨다. 포켓몬 고는 게임이지만 오프라인 사업장에 고객을 보내주는 O2O의 트래픽 발생 메커니즘을 작동시킴으로써 소매 유통 분야에 기여할 수 있음을 보여주었다.

애플 페이의 실패를 점쳤던 이유

2014년 9월 애플은 아이폰6를 발표하면서 애플 페이를 공개했다.[5] 애플은 NFC 모듈을 아이폰6부터 내장하기 시작했는데, 애플 페이는 아이폰을 신용카드처럼 사용할 수 있도록 해주는 서비스다. 아이폰을 상점의 POS 단말에 가까이 가져가면 아이폰에 담겨 있는 신용카드 정보가 일회용 암호가 되어 POS 단말로 이동해 결제되는 일종의 근접 결제Proximity Payment 방식이다. 당시 많은 국내외 전문가들은 애플 페이가 성공하리라 예측했지만 우리는 꽤 고전할 것으로 전망했다.[6]

애플 페이는 지금 고전하고 있다. 적어도 현재까지는 우리의 예측이 맞았다고 할 수 있다. 그러나 중요한 것은 예측이 맞았다는 점보다도 왜 그렇게 예측했는가 하는 이유다. 애플 페이의 고전을 예측한 근저에는 '가치 혁신'이라는 개념이 있다. 김위찬과 르네 마보안의 『블루오션 전략』은 섹시한 제목을 달고 있지만 학문적으로 표현한다면 이는 '가치 혁신 이론과 응용 방법론'쯤 될 것이다.[7] 이 책에서는 가치 혁신을 '가치를 만드는 혁신'으로 정의하면서 '가치 없는 혁신Innovation without Value'과 '혁신 없는 가치Value without Innovation'라는 실수 또는 함정에 빠지지 않기 위해서는 가치를 일으키는 혁신에 집중해야 하고, 그래야만 블루 오션을 창출할 수 있다고 말한다.

'혁신 없는 가치'는 부분적이고 소규모의 가치 창출에 집중하는 것으로, 가치를 향상시키기는 하지만 시장 공간에서 독보적 존재로 서게 하는 데 충분치 않다. 한편 '가치 없는 혁신'은 기술 위주이거나 미래지향적이기만 한 것으로, 구매자들이 그 상품을 받아들이기 어렵거나 그 가격을 지불할 수 있는 수준을 넘어서는 많은 경우에 해당한다. 당연한 이야기인 것 같지만 진정한 혁신이 그토록 어려운 이유는 혁신 활동이 혁신 없는 가치가 되거나 가치 없는 혁신이 되는 경우가 많기 때문이다.

그러면 가치 혁신을 하려면 어떻게 해야 하는가? 『블루오션 전략』에서 말하는 혁신적 아이디어를 평가하는 첫 번째 질문은 당신의 혁신이 고객에게 정말 '예외적 효용', 즉 "예외적 가치를 주는가?"라는 것이다. 당신의 아이디어, 비즈니스 모델, 새로운 기술, 새로운 제품, 새로운 서비스가 정말 고객에게 예외적 가치를 주는가? 그렇지 않다면 돌아가서 다시 생각하자는 것이다. 그것이 『블루오션 전략』이

던지는 첫 번째 질문이다.

그러면 동일한 질문을 애플 페이에게 던져보자. 애플 페이는 고객에게 예외적 가치를 주는가? 물론 그것은 판단하는 사람마다 다를 수 있다. 결제 서비스에서의 예외적 가치가 과연 무엇인가에 대한 연구[8]에서 우리는 새로운 결제 서비스의 성공 요인을 알아보았는데, 새로운 결제 서비스가 성공하려면 새로운 거래를 창출해야 한다는 결론을 도출했다. 즉 새로운 결제 서비스는 보안을 강화하거나, 사용의 편리성을 높이는 것만으로는 성공을 보장하기 어렵고, 새로운 거래를 창출해야 한다는 것이다. 이 연구에서 사용한 사례는 신용카드, 휴대전화 소액 결제 그리고 모바일 결제 스퀘어Square였다.

신용카드는 1980년대 후반에서 1990년대 초반만 해도 새로운 결제 서비스였다. 이 새로운 결제 서비스는 새로운 거래를 창출했다. 결제 서비스의 사용자인 소비자들은 현금이 없어도 제품과 서비스를 구매할 수 있게 되었다. 사업자들은 신용카드의 등장으로 더 많은 매출을 누릴 수 있었다. 결제 서비스의 진정한 고객인 사업자들이 환호하면서 신용카드라는 새로운 결제 서비스는 큰 성공을 거두었다.

휴대전화 소액 결제 서비스도 마찬가지다. 2000년 초중반에 한국에서 세계 최초로 시작된 휴대전화 소액 결제는 신용카드가 없는 청소년을 비롯해 젊은 층들이 온라인에서 게임 등의 디지털 콘텐츠를 구매하고, 싸이월드에서 도토리를 사고, 전자상거래로 제품을 구매할 수 있도록 했다. 신용카드를 가지고 있는 사람들도 신용카드 결제가 귀찮아서 전자상거래를 하지 않다가 휴대전화 소액 결제가 등장하자 비로소 참여하기 시작했다. 휴대전화 소액 결제는 이렇게 새로운 거래를 창출했고 그 결과 성공을 거뒀다.

2012년에 우리는 휴대전화 소액 결제가 디지털 콘텐츠 산업에 미친 영향에 대해 연구했는데,[9] 사용자들의 24퍼센트가 휴대전화 소액 결제가 없으면 아예 온라인에서 구매를 포기하겠다고 응답했다. 이 24퍼센트는 어떤 의미일까? 우리는 당시 디지털 콘텐츠 산업의 B2C 시장 규모의 24퍼센트가 모빌리언스와 다날 등 휴대전화 소액 결제 기업들의 시가 총액의 합과 유사하다는 것을 발견했다. 우연의 일치일 수도 있지만 결국 결제 서비스 기업의 가치는 그 기업이 새롭게 가능하게 하는 거래의 규모와 같다는 가설을 세워볼 수도 있는 것이다.

이러한 관점에서 애플 페이가 새로운 거래를 일으키는지 봤을 때 안타깝게도 그런 요소가 많지 않았다. 신용카드를 가지고 다니지 않아도 된다는 것 그리고 일회용 암호화 덕분에 상점에 신용카드 정보가 유출될 가능성이 적어진다는 정도의 가치는 있었으나, 새로운 거래를 일으킬 수 있는 가능성은 희박했다. 그래서 우리는 2014년 당시 애플 페이가 고전할 것으로 예상했던 것이다. 같은 이유로 애플 페이보다 몇 년 전에 나온 구글 월렛Google Wallet 이 실패를 맛보았고, 애플 페이 이후에 나온 삼성 페이 역시 고전하고 있다.

세계적으로 훌륭한 기업들인 구글, 애플, 삼성전자 모두 결제 서비스 혁신에서 고전하고 있다. 왜 그런가? 아마도 그것이 가치 없는 혁신이기 때문일 것이다. 결제 서비스 성공을 위한 핵심 가치는 새로운 거래의 창출인데, 그 정도의 가치를 이 세 기업이 창출하지 못했기 때문이다. 예외적 효용을 만들지 못하고 있는 것이다. 어떤 사람들은 애플 페이가 NFC 방식이므로 실패할 것으로 예견하기도 했다.[10] 구글 월렛도 비슷한 이유로 실패했기 때문에 이 견해도 일리가 있다. 그러나 NFC 방식이 아니라 기존의 마그네틱 단말을 그대로 사용할 수 있게 한 루프페이Loop Pay를 인수해 선보인 삼성 페이도 세계 시장에서 부진을 면치 못하고 있는 상황이다. 근본적으로 삼성 페이의 방식도 새로운 거래를 창출하는 힘이 약하기 때문이다.

진통제와 비타민의 차이

애플 페이나 삼성 페이가 성공하려면 어떻게 해야 할까?[11] 우리가 제시하는 의견은 역시 새로운 거래를 창출해야 한다는 것이다. 페이바이폰PayByPhone이라는 주차 요금 결제 서비스는 길거리 주차장에서의 결제 문제를 새롭게 해결했다. 동전이나 기존의 신용카드를 사용하는 방식은 결제 금액만큼의 시간이 지나면 다시 그 장소로 돌아가야 하는 번거로움이 있었다. 페이바이폰은 이 문제를 해결하기 위해 주차면에 있는 NFC 태그나 QR 코드 또는 전화번호를 활용해 결제를 하도록 했다. 이 경우 결제 금액만큼의 시간이 경과하면 페이바이폰이 사용자에게 연락해 추가로 결제할 것인지를 묻는다. 사용자는 다시 주차 장소에 가지 않아도 자신의 휴대전화를 이용해 손쉽게 결제할 수 있다. 이러한 방법을 사용한 거리 주차장은 기존의 방식보다 20~30퍼센트 매출이 더 늘어났다. 페이바이폰이 새로운 거래를 일으킨 것이다.

스마트폰을 신용카드로 변화시키는 이른바 카드 에뮬레이션Card Emulation 방식인 애플 페이, 구글 월렛, 삼성 페이는 이러한 결제 방식에 사용되기 어렵다. 기존의 신용카드 결제 방식을 답습한 결과, 오히려 새로운 결제 시장을 열지 못하게 된 것이다. 그러나 페이바이폰이나 한국 하렉스인포텍의 유비페이UBpay는 사용자의 스마트폰을 신용카드로 변화시키는 방식이 아니라 스마트폰을 결제 단말로 변화시키는 새로운 혁신을 일으켰다. 그래서 결제 단말이 설치되어 있지 않은 거리 주차에 적용될 경우 새로운 시장을 창출할 수 있는 것이다. 결제 서비스가 속하는 더 큰 범주인 핀테크 서비스에도 같은 논리를 적용할 수 있다. 알리바바의 위어바오余額寶 역시 금융 계좌가 없는 사람들이 손쉽게 모바일 금융 계좌를 가질 수 있도록 하면서 성공했다. 아프리카에서 성공한 핀테크 서비스 엠페사M-Pesa도 금융 계좌가 없던 사람들이 모바일 금융 계좌를 가질 수 있게 하면서 새로운 거래를 창출했다.

결국 새로운 핀테크 서비스가 성공하기 위해서는 기존 사용자들의 편의성을 향상시키거나 보안을 높여주는 정도의 가치 창출로는 어렵고, 금융 거래에 참여하지 못했던 사람들에게 새로운 금융 서비스를 제공하면서 그와 동시에 사업자에게는 매출을 늘려줘야 한다.

결제 서비스로 국한시키지 않고 좀 더 범위를 넓힐 경우, 예외적 가치라는 개념을 더 쉽게 설명할 수 있는 방법은 무엇일까? 창업론에서 많이 이야기하는 것이 '진통제'와 '비타민' 비유다. 창업가가 새롭게 창출하는 가치는 진통제여야 하지 비타민이어서는 안 된다는 것이다. 많은 사람들이 비타민은 먹으나 안 먹으나 별 차이가 없다고 생각한다. 매일 복용해도 쉽게 효과를 볼 수 없는 것이 비타민이다. 반면에 애드빌과 같은 진통제는 바로 효과를 보는 경우가 많다. 따라서 창업과 새로운 비즈니스 모델, 그리고 혁신에서 성공하려면 개인이나 기업의 고통을 해결해주는 진통제를 개발해야 한다. 결제 서비스 산업으로 돌아가, 결제 서비스 분야에서 진통제는 무엇일까? 개인의 관점에서는 결제 수단이 없는 사람에게 결제 수단을 제공하는 것이고, 사업자의 관점에서는 돈을 받을 수 있는 수단을 마련해주는 것이다. 그저 지갑을 없애는 정도의 결제 서비스 혁신, 보안을 강화한다는 정도의 혁신으로는 부족하다.

지금까지의 논의를 좀 더 일반화해 요약한다면 혁신은 예외적인 가치를 창출해야 하고 그것은 고통을 없애주는 것이어야 하는데, 고통을 없애준다는 것은 사실 거래를 창출함을 의미한다. 물론 새로운 거래를 창출할 정도의 혁신이면 최고다. 그러나 다시 생각해보면 커뮤니케이션, 즉 소통을 창출하는 혁신 역시 의미가 있다. 예를 들어 카카오톡은 사람들이 지인들과 메시지를 주고받을 때 일일이 돈을 내야 한다는 고통을 없애준 진통제였다. 즉 카카오톡은 개인 간의 새로운 거래, 새로운 커뮤니케이션을 창출한 것이다.

재미있는 것은 페이스북이다. 페이스북은 진통제인가, 비타민인가? 페이스북은 어떤 사람들의 고통을 해결해주는가? 구글이나 네이버 같은 검색 서비스는 분명 진통제다. 수많은 웹사이트와 웹 문서 중에 내가 원하는 정보를 찾고자 하는 사람들의 문제, 즉 고통을 해결해준 것이 구글과 네이버의 검색 서비스다. 그러면 페이스북은 사람들의 어떤 고통을 해결해주었는가?

이얄은 『훅』에서 진통제와 비타민이라는 이분법 외에 또 하나의 카테고리를 강조한다.[12] 진통제도 아니고 비타민도 아닌 습관성 제품을 만드는 방법에 대해서 설명한 것이다. 이 책은 가장 중요한 습관성 제품으로 페이스북을 예로 든다. 페이스북의 사용자는 기본적으로 외로운 사람들이라는 것이 그의 생각인 듯하다. 외롭다고 페이스북을 하는 것은 아니지만, 외롭지 않은 사람들은 적어도 페이스북을 할 틈이 없는 것 같기는 하다. 외로움과 페이스북 사이에는 분명 어떤 연관성이 있다. 그렇다면 페이스북은 외로운 사람들의 고통을 해결해주는 진통제인가? 그런 것 같지는 않다. 페이스북은 우리의 고통을 해결하지는 않는다. 단지 페이스북은 사람들에게 마약과도 같이 습관을 만들어버리는 그 무엇이다.

페이스북과 같은 서비스의 등장은 혁신을 통해 멋진 기업을 꿈꾸는 창업가들에게 새로운 종류의 가치 창출을 고민하게 한다. "진통제는 아니지만 습관이 될 수 있는 제품을 만드는 방법은 무엇일까?"라는 새로운 고민이다. 이얄은 이러한 자문자답을 자신의 책에 담는다. 그는 사람들을 '중독되게' 만드는 습관성 제품, 즉 마약과도 같은 서비스들은 '계기Trigger → 행동Action → 가변적 보상Variable Reward

→ 투자Investment'라는 네 가지 단계로 구성된 주기를 갖는다고 설명한다. 우리가 어떤 것을 습관으로 체득하려면 무언가 계기가 있어야 하고 그것을 통해 행동하게 되는데, 이때 행동의 결과로 보상을 받게 되면 그 행위에 투자하게 된다는 설명이다. 이외에도 이얄은 습관적 제품을 만들기 위한 여러 방법론을 설명한다. 2005년에 출간된 『블루오션 전략』이 예외적 가치를 창출하는 가치 혁신 방법론에 대해 논리적으로 설명했다면, 2014년에 출간된 『훅』은 습관성 제품이나 서비스를 만드는 방법론에 대해 논리적으로 설명한다.

요약하자면 혁신에 성공하려면 진통제와 같은 확실한 가치를 제공하는 제품이나 서비스를 만들어야 한다. 비타민과 같이 애매한 가치를 제공하는 제품이나 서비스는 성공 확률이 떨어진다. 그런데 진통제도 비타민도 아닌 습관성 제품이나 서비스가 되는 영역이 새롭게 조명을 받고 있다. 이 카테고리에 해당되는 것들을 만드는 방법론이 있다면 이를 참고해볼 필요가 있겠다.

앞서 예외적 가치, 확실한 가치가 결제 서비스나 핀테크와 같은 영역에서는 새로운 거래의 창출이라고 설명했다. 새로운 거래의 창출이라는 개념은 O2O 서비스, 온디맨드 경제의 근간이 되는 개념이다. 이는 '아웃컴 이코노미Outcome Economy'라고 불리기도 한다. 이제 혁신에서 가치를 논하는 것은 어쩌면 한가한 소리일 수 있다. 가치를 창출하는 혁신이라고 부를 것이 아니라 '거래를 창출하는 혁신', '결과를 창출하는 혁신'이라는 새로운 혁신 이론이 필요한지도 모른다. 세상은 점점 연결되고 있다. 반응은 즉각적으로 나타나고 파급될 수 있다. 따라서 모호하게 가치를 창출한다는 식의 설명은 설득력이 떨어진다. 연결의 세상에서는 곧바로 반응을 산출하는 혁신, 새로운 거래를 산출하는 혁신, 새로운 커뮤니케이션, 즉 소통을 산출하는 혁신, 새로운 데이터를 산출하는 혁신이 진정한 혁신이 되고 있다. 혁신은 그 자체로 어려운 것이 아니라 혁신에 대한 옛 생각을 버리지 못해 어려운 것인지도 모른다. 이제 혁신은 '새로운 거래를 일으키는 것이다'라고까지 생각해야 할지도 모른다.

신입생이 필요하다

앨버트 바라바시Albert Barabási를 비롯한 통계 물리학자들은 네트워크 과학이라는 새로운 학문 분야를 발전시켰는데, 이 분야의 대표적 이론이 '척도 없는 네트워크Scale-Free Network'다.[13] 이는 세상에 존재하는 상당수의 네트워크가 그동안 수학자들이 관념적으로 생각해 온 무작위 네트워크Random Network가 아니라 척도 없는 네트워크라는 것이다. 수학자들의 관념적 가정을 물리학자들이 관찰과 데이터 수집, 그리고 가설(이론) 검증이라는 전형적인 자연 과학 연구 방법론을 이용해 뒤집은 아주 흥미로운 사례다.

물리학자들은 현실 네트워크의 어떤 조건이 척도 없는 네트워크를 만드는지 추가적으로 연구하기 시작했는데, 오컴의 면도날

Ockham's Razor(어떤 사실에 두 가지 이상의 가설이 있을 때 이 중 가장 단순한 가설이 사실이라는 원리)의 법칙을 만족하는 최소한의 조건을 찾아내고자 하는 여러 연구가 진행되었다. 바라바시 연구팀은 아주 간단한 최소한의 조건을 찾아냈는데 그것이 바로 '선호적 연결Preferential Attachment'과 '성장'이다. 연구팀은 이 두 조건만을 적용하면 척도 없는 네트워크가 된다는 것을 수학적으로 그리고 데이터로 증명했는데 여기서 성장이라는 것이 인생사, 세상사를 보여준다.

성장은 사실 아주 간단한 이야기인데, 세상의 많은 네트워크에는 '신입생New Comer'이 존재한다는 것이다. 가정이라는 소셜 네트워크를 보면 누군가 결혼해서 며느리나 사위라는 신입생이 생기고, 그 부부가 출산을 하면 아이라는 신입생이 생긴다. 물론 증조할머니, 증조할아버지가 돌아가시기도 한다. 기업의 소셜 네트워크도 마찬가지다. 신입 사원이 있고, 은퇴 사원이 있으며, 특채 사원이 있고, 명퇴 사원도 있다. 계속적인 성장과 죽음이 있다. 교수 사회도 마찬가지다. 어떤 학과에 신임 교원이 들어오지 않는다면 쇠락이 예정되어 있을 뿐인 것이다. 결국 세상의 네트워크는 신입생이 있고, 그 신입생이 기존의 개체 중에 인기가 많은 개체에 링크될 가능성이 큰데 이것이 선호적 연결이다. 이렇게 성장과 선호적 연결이라는 두 조건이 척도 없는 네트워크를 만든다는 설명이다.

예를 들어 네이버 밴드의 동창회 커뮤니티를 보면 신입생이 있기가 힘들고 탈퇴도 어렵다. 즉 진입과 출입이 제한되어 있다. 따라서 네이버 밴드의 동창회 커뮤니티들은 쇠락이 운명적으로 예정되어 있다고 생각한다. 그래서 이 커뮤니티를 볼 때마다 약간의 슬픔을 느낀다. 시들 수밖에 없는 꺾인 꽃을 보는 느낌이라 할까? 두 연인 간에만 사용되는, 그래서 신입생이 절대 있을 수 없는 '비트윈 Between'은 이러한 측면에서 극단적으로 신규 진출입이 불가능한 커뮤니티 서비스다. 따라서 네트워크 과학에 근거한다면, 비트윈의 성장성은 어둡다고 판단할 수 있다.

한편 로널드 코스Ronald Coase[14]와 올리버 윌리엄슨Oliver Williamson[15] 같은 노벨경제학상 수상자들이 구축한 거래 비용 경제학 이론에 따르면 세상을 조직화하는 양극단의 방법으로 한쪽에는 위계Hierarchy, 다른 한쪽에는 시장Market이 있다. 협력과 거래를 조정하는 이른바 비용(거래 비용)을 줄이기 위해서 우리는 위계를 만든다. 남녀 간의 결혼, 기업, 군대가 전형적인 위계에 해당한다. 만약 거래 비용이 줄어든다면 결혼과 기업, 군대와 같은 위계는 해체되어 시장에 가까워진다. 시장은 역설적으로 거래가 필요하므로 거래 비용이 존재하며, 그 거래 비용을 줄이기 위해서는 시장이 다시 위계화된다. 위계의 조정 원리는 '권위'이며, 시장의 조정 원리는 '가격'이다.

조직경제학에서 이 시장과 위계의 사이에 있는 것은 네트워크 또는 커뮤니티다.[16] 네트워크 또는 커뮤니티의 조정 원리는 '신뢰'다. 앞서 설명한 네이버 밴드의 동창회 커뮤니티나 비트윈은 위계에 가깝다. 동창회나 비트윈에서 진출입은 쉽지 않다. 마치 결혼과 비슷하다. 결혼이라는 조직에 새로운 사람이 진입하는 것은 불륜 또는 삼각관계를 의미하고, 누군가 나가는 것은 이혼 또는 별거를 의미한다. 즉 위계는 새로운 진출과 진입이 상대적으로 어려운 조직이다.

여기서 핵심은 신입생에 있다. 세상의 네트워크를 유지하고 발전시키는 가장 간단한 메커니즘이 신입생인 것이다. 당신은 신입생을 만들고 있는가?

경험의 확장

+8

Love is Touch, 사랑은 만지는 것!

　사람들은 실세계에서 어떤 방식으로 물리적 공간이나 사물과 적극, 의도적으로 흥미롭게 상호작용하게 될 것인가?[1] 기존의 인터넷은 PC의 웹브라우저나 프로그램상에서 또는 스마트폰, 태블릿의 애플리케이션이나 브라우저상에서 사람들이 가상적으로 상호작용하는 것이 대부분이었다. 그러나 이제는 브라우저나 애플리케이션을 벗어나 실세계와 상호작용하는 것을 포함하게 됨으로써, 새로운 사용자 인터페이스UI, User Interface 및 사용자 경험UX, User eXperience의 확장 가능성을 보여주고 있다.

　그렇다면 어떠한 새로운 UI, UX로 확장될 것인가? 월드와이드 웹은 브라우저상의 '클릭Click'이라는, 당시로서는 획기적인 UI, UX

의 등장으로 폭발적인 성장을 이루었다. 월드와이드웹 이전의 인터넷은 키보드를 치는 UI, UX를 가지고 있었고, 그 출력물은 주로 텍스트였다. 텔넷Telnet, 알로긴Rlogin, 파일전송프로토콜FTP, 광역정보서버WAIS, 고퍼GOPHER 등 지금은 너무 생소해진 인터넷 프로토콜들은 모두 '키보드 치기'라는 UI, UX와 텍스트 출력을 기본으로 하는 전문가들의 영역이었다. 그러나 HTML이라는 새로운 마크업 언어, HTTP라는 아주 단순한 프로토콜, URL이라는 새로운 인터넷 자원로케이터Locator가 웹 브라우저로 구현됨에 따라 월드와이드웹은 '클릭'이라는 새로운 UI, UX와 함께 화려하게 등장했다.

그리고 2007년에 처음 출시된 애플의 아이팟 터치의 터치 기술을 통해 새로운 UI, UX 세상이 열렸다. 아이팟 터치는 이후 세계의 역사를 바꾼 아이폰과 비교한다면 단지 통화 기능이 없을 뿐이다. 요즘 사람들이 스마트폰을 통화보다는 다른 용도로 더 많이 쓴다는 점에서 아이팟 터치는 아이폰보다 더 앞선, 더 중요한 혁신이었다고 할 수 있는데, 이 혁신적인 제품의 키워드는 '터치Touch'였다. 이는 기존의 인터넷이 클릭 중심으로 돌아간 것에 비해 앞으로의 인터넷은 터치 중심으로 돌아간다는 것을 예견한 위대한 네이밍이었다. 아이팟 터치 이후로 사람들은 어떤 액정 화면을 손가락으로 만지기만하면 새로운 정보, 서비스, 경험을 할 수 있다는 것을 알게 되었다.

실세계와의 소통을 폭발적으로 확산시킬 UI, UX는 무엇일까? 아마존은 자사가 출시한 스마트폰 파이어에 특별한 물리적 버튼을 부착했는데 그것이 바로 파이어플라이FireFly다. 주변에서 음악이 흘러

나오면 파이어 사용자는 파이어플라이 버튼을 누르고, 그러면 아마존은 그 음악을 분석해 어떤 것인지 알아내 아마존 스토어로 보낸다. 이는 이미 샤잠, 사운드하운드, 네이버 음악 검색에서도 구현되는 기능이지만, 아마존은 아예 스마트폰에 물리적 버튼을 붙였다는 점이 달랐다. 어쩌면 이러한 기능을 자체적으로 구현하기 위해서 아마존은 직접 스마트폰을 제조해 보급하는 일을 시도했는지도 모른다.

파이어플라이 기능은 사운드뿐 아니라 동영상에도 적용된다. 예를 들어 TV 모니터에서 어떤 영화나 뮤직비디오가 흘러나올 때 그쪽에 카메라를 대고 파이어플라이 버튼을 누르면, 그 동영상을 찾아본 후 이 서비스를 구입할 수 있는 아마존 스토어로 연결해준다. 이 기능은 사운드가 아닌 카메라에도 적용될 수 있다. 책이나 약병 등 제품의 모습을 카메라로 비추면서 파이어플라이 버튼을 누르면, 그 제품을 인식해 아마존 스토어로 연결한다. 구글도 '구글 고글Google Goggles'라는 애플리케이션을 통해 유사한 기능을 제공한다.

이렇게 오프라인에 있는 어떤 음악, 동영상, 물건, 장소 그 자체를 카메라나 마이크로 자동 인식해 상거래로 바로 연결하는 방식이 있는가 하면, 그 자체가 아닌 메타 정보를 광학적 인식 코드나 사물인터넷 장치를 활용해 연계하는 방식도 생각할 수 있다. 광학적 인식 코드에는 바코드, QR 코드, 컬러 코드 등의 사용이 고려되었고, 사물인터넷 장치에는 NFC 태그, BLE 비컨, 스마트 버튼 등의 사용이 시도되어왔다.

가장 먼저 등장한 후보는 NFC에 의한 기기의 터치(또는 탭)였다. NFC는 1센티미터, 개념적으로는 4인치(10센티미터) 내에 두 사물이 가까이 위치함으로써 상호작용하는 형태로 설계되었다. 이 기술 표준에 의해서 세 가지 상호작용이 정의되었는데, 첫 번째는 NFC 태그를 사용자의 기기가 터치 또는 탭하는 것이고Tag Reading, 두 번째는 사용자의 기기가 스마트 카드처럼 되어 다른 기기에 읽히는 카드 에뮬레이션이며, 세 번째는 두 사용자의 기기를 가까이 함으로써 양방향의 상호작용P2P을 하는 것이다.

이 세 가지 중 첫 번째 상호작용인 태그 리딩은 박물관, 미술관 등에서 사용되는데 한국에서는 국립중앙박물관, 국립나주박물관에 NFC 기반 스마트 도슨트 서비스가 적용되었다. 많은 택시들에 보급되었지만 성공적인 서비스로 정착되지 못한 한국의 NFC 안심 태그 서비스 또한 이에 해당된다. 두 번째 상호작용인 카드 에뮬레이션은 스마트폰을 버스의 단말기에 갖다 대는 방식으로, NFC 기반 모바일 결제 서비스의 대부분이 이에 해당된다. 사용자의 단말이 카드처럼 기능해 다른 기기에 의해 읽히는 것이다. 세 번째 상호작용인 P2P는 현재 거의 사용되고 있지 않다.

NFC에 의한 터치라는 상호작용은 현재 전 세계적으로 보편화되어 있지 않은데, 가장 중요한 이유는 애플에 있다. 애플이 아이폰에 NFC 모듈을 넣기 시작한 것은 2014년 하반기에 출시된 아이폰6부터였다. 그러나 이것은 하드웨어의 설치일 뿐 NFC를 오직 자사의 애플 페이에만 사용하도록 제한했고, 2017년 6월 뒤늦게 iOS12부터 NFC 기능을 개방한다고 발표했다. 애플 페이는 카드 에뮬레이션을 응용한 것인데, 애플 페이 자체가 지지부진하고 있어서 결국 애플의 아이폰에 설치된 NFC 모듈은 거의 사용되지 않는 무용지물이된 셈이다.

봉화는 구시대의 유물

애플은 NFC 산업계에는 재앙과도 같았지만, 두 번째 UI, UX 후보를 등장시키는 중요한 역할을 했는데 그 후보가 바로 비컨이다. 비컨은 과거 봉화라는 뜻으로 쓰였는데 현재는 어떤 신호나 불빛이 360도 모든 방향으로 분사되는 형태를 말한다. 애플이 유행시킨 비컨, 그리고 아이비컨iBeacon 프로토콜은 BLE라는 기술 표준에 기반한다. BLE는 앞서 설명한 NFC에 대응되고, NFC 태그는 BLE 비컨에 대응된다. BLE 비컨 이전에 샵킥Shopkick 등에 의해서 개발된 저주파 사운드 비컨도 있고, 와이파이 비컨도 있다.

비컨에 의한 상호작용은 터치가 아닌 캐치Catch라 할 수 있다. 사용자들은 자신의 근처에 설치된 비컨이 발산하는 신호를 캐치하는 것이다. BLE 비컨의 경우 평균 50미터, 실질적으로는 20미터 정도의 거리에 있는 사용자들에게 신호를 전달할 수 있다. 그 신호는 하루 24시간 계속 발신되고 사용자는 자신도 모르게 그 비컨 신호를 수신하거나, 때로는 인지하에 수신한다. 2013년부터 연구개발되기 시작한 많은 비컨과 비컨 기반 서비스는 사용자가 비컨 신호를 자신의 스마트 단말로 캐치해 UI, UX를 성공적으로 정착시킬 킬러 애플리케이션이 되는 것을 꿈꿨다. 그러나 월드와이드웹이 웹브라우저라는 킬러 소프트웨어와 아마존, 구글로 대표되는 전자상거래, 검색 킬러 서비스의 등장으로 클릭이라는 UI, UX를 완전하게 정착시킨 것에 반해, 비컨은 아직 킬러 서비스가 등장하지 않은 상태다. 그래서 대부분의 사용자들의 스마트 단말에는 비컨 신호를 캐치하기 위한 대표적 애플리케이션이 없는 상황이고, 현재 많은 공간에 설치된 비컨(한국의 경우 SK플래닛과 Yap 등이 설치한 비컨 등)은 전기와 배터리만 소모하고 있는 실정이다.

비컨이 캐즘Chasm(처음에는 사업이 잘되는 것처럼 보이다가 더 이상 발전하지 못하고 마치 깊은 수렁에 빠지는 것과 같은 심각한 정체 상태에 이른 것을 말한다) 상태를 넘어설 수 있을 것인가에 대해 논란이 있지만, 우리는 현재의 비컨은 캐즘을 넘기가 어려울 것으로 생각한다. 현재 비컨은 사용자들의 눈에 잘 띄지 않는 곳에 설치되어 있고 그런 까닭에 그것으로 무엇을 하는 것인지 알기 어렵다. 또한 여러 비컨 기반 서비스로 1년 이상 실험하고 관찰한 결과, 비컨의 신호 수신이 안정적이지 않다는 사실이 밝혀졌다. 한마디로 비컨 신호를 기대하고 애플리케이션을 열어도 제때 수신되지 않는 경우가 많다. 신호를 24시간 발신하는 비컨은 내가 원하지 않을 때도 불필요하게 신호를 보낸다는 단점 역시 갖고 있다. 내가 의식하지 않는 동안 비컨이 계속 신호를 보내고 나의 단말에 설치된 애플리케이션이 백그라운드에서 일하나, 바로 그러한 점이 자신이 알지 못하는 사이 위치 정보가 다른 곳에 사용될 수 있으리라는 불안감을 주기도 한다. 따라서 24시간 계속 신호를 뿌리는 비컨 방식이 과연 올바른가 하는 의심이 든다.

2014년 한국의 한 제약 회사가 운영하는 박물관에서는 NFC 태그와 BLE 비컨을 통합 적용해 스마트 가이드 서비스를 시작했다. 서비스 시작 당시, 운영의 효율성을 위해 배터리 교환 주기가 1년 6개월에서 2년인 BLE 비컨이 선정되었다. 그러나 서비스를 제공하기 시작한 지 3개월이 지나자 설치되었던 수십 개의 비컨이 배터리 교체 작업이 필요한 상황이 되었다. 3개월 만에 다수의 비컨의 배터리가 소모된 것이다. 보통 박물관, 갤러리와 같은 전시 공간의 개관 시간은 하루 24시간 중 길어야 7~8시간이다. 그런데 이 비컨들은 24시간 계속 신호를 발신하면서 배터리를 소모한다. 이는 에너지 낭비이고 배터리 구매 및 교체라는 비용을 발생시킨다.

비컨이 처음 주목받기 시작한 것은 GPS 등은 실내에 들어가면 위치 인식이 어려운 반면에 비컨을 통해서는 실내에서 사용자의 위치를 파악해 그에 맞는 서비스를 제공할 수 있다고 알려졌기 때문이다. 2015년 한국의 한 종합 병원은 NFC 태그와 BLE 비컨을 통합 적용해 기존 병원을 스마트 병원으로 변화시키는 프로젝트를 추진했다. 스마트 병원 서비스 내용 중에는 대규모 종합 병원을 방문하는 사람들이 복잡한 실내 구조 때문에 길 찾기에 어려움을 겪는다는 현장의 목소리를 반영한 '비컨 기반 실내 길 찾기 서비스'가 포함되어 있었다. 결과부터 말하자면 비컨을 통한 실내 내비게이션 서비스는 BLE 비컨이 실내 위치 인식 서비스의 새로운 대안이 될 것이라고 청사진을 제시했던 사람들의 예상과 달리 좋은 결과를 거두지 못했다.

당시 '실내 길 찾기 서비스'를 위한 BLE 비컨이 설치된 후 테스트 과정에서는 서비스가 무리 없이 제공되었다. 그런데 문제는 해당 공간에 사람이 많아지거나 금속 재질의 물건이 설치되면 큰 영향을 받게 된다는 것이었다. 즉 비컨 설치 시의 환경과 실제 서비스 제공 시의 환경이 달라지면 서비스가 제대로 작동하지 않을 수 있다. 금속 재질의 물건이 현장에 설치되면 비컨의 신호 세기를 조정해 다시 서비스를 제공한다 하더라도, 그 공간을 방문하는 사람들은 어떻게 통제할 것인가? 이는 제약 회사의 박물관에서도 동일하게 나타난 현상이었다.

오히려 스마트 병원 서비스에서 큰 호응이 있었던 것은 응급 호출 서비스였다. 보통 병원에서는 침대 부근에 비상 호출 버튼을 두어 환자에게 이상이 발생한 경우에 대응한다. 그러나 대부분의 환자는 여러 가지 이유로 병원 내를 이동하게 되는데, 이렇게 병실을 떠난 상태에서 어려움이 발생한 경우에는 이에 적절히 대처할 수 있는 방법이 없었다. 그래서 환자들이 소지하고 다닐 수 있는 목걸이형 버튼 비컨이 적용되었다. 환자는 언제 어디서든 어려움이 발생하면 버튼 비컨을 누르고, 이 신호를 공간에 설치된 비컨 신호 수신기가 인식해 병원에 응급 상황을 알리는 서비스였는데, 응급 호출 서비스는 그 내용은 호응이 좋았지만 일부 한계들도 발견되었다.[2] 응급 호출 서비스를 위해 비컨 신호 수신기를 설치하는 공간에는 별도의 전력과 네트워크가 필요했고 그에 따른 비용이 수반되었다. 그리고 병원은 특히나 세균 감염 등에 대한 철저한 관리가 필요했기 때문에 환자들에게 보급된 목걸이형 버튼 비컨의 재사용이 어려웠다. 비컨을 실리콘 재질의 케이스에 넣어 제공하는 방안도 있었지만 병원 내의 관리 규정에 부합하지 않았다. 따라서 한 번 환자에게 제공된 비컨은 폐기될 수밖에 없었고 이 역시 많은 비용을 수반했다.

이러한 여러 한계에도 불구하고, 사용자가 캐치라는 새로운 UI, UX를 습득하게 된다면 사업자들은 비컨과 비컨에 기반한 서비스를 계속 늘려갈 것이다. 그러나 비컨 기반 킬러 애플리케이션은 전 세계적으로도 아직 나타나지 않고 있는 실정이다. 우리는 비컨은 서비스를 제공하는 프론트 기술이 아니라, 사용자가 특정 공간에 방문했는지 등을 확인하는 수준의 백그라운드 서비스 기술로 활용될 수 있다고 보고 있다.

스마트 버튼을 만든 이유

질레트에 투자한 워런 버핏Warren Buffett은 자신이 세상에서 제일 행복한 남자라고 했다고 한다. 잠을 자고 나면 세상 모든 남자들이 수염이 자라 있으니까 말이다. 그렇다. 질레트는 행복한 회사다. 매일매일 자신의 제품을 사용할 수염이 자라나고 있다. 그러나 그들에게도 고민이 있다. 수염은 자라지만 남자들의 행동은 어떤가? 욕실에서 면도를 하려는데 날이 녹슬어 있으면 남자들은 무딘 날 때문에 상처가 나 피를 흘리며 겨우 면도를 마치고, 면도날을 사야겠다고 마음먹는다. 그러나 출근하면 모두 잊어버리고 집으로 돌아온다. 다음 날 다시 녹슨 면도날로 면도하고 피가 난다.

이런 하루가 반복되면, 남자들은 피나는 면도를 계속하고 질레트는 제품을 판매하지 못한다. 서로가 불행한 이런 상황을 해결하기 위해 아마존이 2015년에 발표한 것이 '아마존 대시 버튼'이다. 이 것은 마치 포스트잇이나 마그넷처럼 욕실 타일에 붙일 수 있다. 남 자들이 녹슨 면도날을 발견하고 새로 구매하고 싶으면 샤워 중에도 이 버튼을 눌러 물건을 주문할 수 있다. 그러면 질레트 면도날이 다 음 날 배송된다. 다음 날부터 남자는 피 흘리며 면도하지 않아도 되 고 질레트는 제품을 판매해 매출을 올리며, 아마존은 이 둘 사이에 서 수익을 낸다. 인터넷 사용을 위한 UI, UX와 관련해 마우스 클릭 기술은 마크 안드레센Marc Andreessen의 넷스케이프가 알렸고, 액정 화 면 터치는 스티브 잡스Steve Jobs가 대표하는 애플이 알렸다면, 스마 트 버튼을 누르는 기술은 제프 베저스Jeffrey Bezos가 대표하는 아마존 이 세상에 제대로 알렸다.

2016년, 아마존은 아마존 대시 버튼에서 한발 더 나아가 아마존 웹서비스AWS, Amazon Web Service IoT 버튼을 출시했다. AWS IoT 버튼 은 아마존 대시 버튼을 일반화해 확장한 것으로, 기존의 아마존 대 시 버튼이 한 회사 브랜드의 제품을 반복 구매하는 전자상거래의 용 도로 제한되었던 것을 확장해 프로그래머가 자신이 원하는 기능을 직접 구현할 수 있도록 만든 것이다. 다만 대시 버튼과는 달리 블루 투스 통신 기능이 없으며 와이파이만 지원한다. 또한 아마존의 웹 서비스, 즉 클라우드 서비스와 연동될 수 있다. 배터리는 약 1000번 누를 때까지만 지속되며, 전력이 모두 소진되면 재충전하거나 교체 할 수 없다는 점에서 완제품이라기보다는 개발자들의 테스트용이라

할 수 있다.

아마존 대시 버튼이 최초의 스마트 버튼은 아니다. 이름 자체가 스마트 버튼 회사인 더버튼코퍼레이션The Button Corporation은 2014년 핀란드 최대의 극장 체인인 핀키노Finnkino에 직원 호출을 위한 스마트 버튼을 보급했다. 한국에는 직원 호출 버튼이 많은 음식점에 보편화되어 있다. 물론 인터넷 기반은 아니다. 이 버튼은 우스꽝스러울 정도로 크고 빨갛다. 소방 비상벨을 연상시킬 정도다. 아마존의 스마트 버튼에는 LED 램프가 하나 있는데, 이 버튼은 LED 램프도 없다. 그저 '꾹' 누르게만 되어 있고, 잘 눌러졌는지 확인할 수 있는 방법도 없다.

사물인터넷 제품 개발 플랫폼 회사를 표방하는 파티클의 '인터넷 버튼Internet Button'은 네 개의 다른 위치에 버튼을 두고 있다는 점이 다르며, 11개의 컬러 LED가 버튼 주위를 감싸고 있다는 점에서 앞서 소개한 스마트 버튼들보다 입출력 방법이 다양하다. 이 스마트 버튼은 사용자가 선택한 두 가지 서비스를 연결해 자동화된 프로세스를 생성할 수 있도록 하는 서드파티 도구인 IFTTTIf This Then That의 레시피라고 불리는 기능들을 물리적으로 구현하는 것이다. 참고로 IFTTT는 두DO라는 애플리케이션을 출시해 가상의 버튼을 애플리케이션으로 제공하고 있다. 지금까지 소개한 스마트 버튼들은 기술 구조 관점에서 스마트 버튼이 클라우드에 연동되는 '버튼에서 클라우드로 연결되는Button-to-Cloud' 형태다. 아마존 대시 버튼은 사용자가 스마트 버튼을 누르면 사전에 설정되어 있는 아마존 클라우드 서버의 사용자 계정과 연결되는 것이다.

사용자가 스마트 버튼을 누르면 특정 장치와 연동하는 '버튼에서 디바이스로 연결되는Button-to-Device' 형태의 스마트 버튼도 존재한다. 독일 세닉Senic의 누이모Nuimo는 여러 스마트홈 기기를 하나의 버튼형 기기로 제어할 수 있도록 한 것으로, '누른다Click'라는 사용자 행동 외에도 '밀다Swipe', '돌리다Rotate', '띄우다Fly' 등이 가능하다. 동그란 버튼 모양에 가로 9줄, 세로 9줄, 총 81개의 LED 매트릭스를 가지고 있어서 각종 아이콘 형태의 디스플레이를 할 수 있다. 누이모는 가정 내의 다양한 기기와 BLE 통신을 한다는 점에서, 기본적으로 '버튼에서 디바이스'로 연결되는 형태를 갖는다. 누이모는 자체적으로 와이파이 연결 기능은 없는 것으로 보이며, 오직 BLE만을 지원하기 때문에 다른 기기와의 정보 교환은 BLE에서 지원하는 GATT Generic Attribute Profile를 이용한다. 결국 누이모는 사용자와 미리 연결된 여러 스마트홈 기기 사이에서 사용자의 의도를 전달하고, 기기의 상태나 행동 결과를 사용자에게 전달하는 역할을 한다. 누이모의 경우, 이것을 버튼으로 볼 수 있느냐는 논란이 있을 수 있다.

'버튼에서 디바이스로 연결되는' 형태의 또 다른 스마트 버튼으로 스웨덴의 숏컷 랩Shortcut Lab이 개발한 플릭Flic이 있는데, 이 스마트 버튼은 '클릭', '더블 클릭', '홀드'의 세 가지 사용자 행동을 BLE로 연결된 사용자가 갖고 있는 스마트 기기의 플릭 애플리케이션에 전달하고, 이 애플리케이션에서 미리 정의된 세 가지 사용자 행동에 대한 다음 행동을 수행하는 것이다. 예를 들어 플릭 버튼을 한 번 누르면 스마트폰에 가짜 전화Fake call가 오도록 할 수 있다.

그런데 위에서 설명한 '버튼에서 디바이스로 연결되는' 형태의 스마트 버튼인 누이모와 플릭은 모두 스마트 버튼과 사용자의 기기가 미리 연결되어 있는 상황을 가정하므로, 가정환경이나 개인 물품과의 연동만을 가정하는 한계를 지닌다. 그렇다면 가정환경이나 개인 사용 환경이 아닌 공공장소나 사업 공간, 상업 공간에서 스마트 버튼은 어떻게 활용될 것인가?

버튼 인터넷이 온다

우리는 2010년부터 NFC 태그와 BLE 비컨을 활용해 실세계를 미디어로 변환시키는 일을 해왔다. 그러던 중 NFC 태그와 BLE 비컨의 기술적 한계에 대한 고민을 기반으로 2015년 연구에 착수, 2016년 '버튼 인터넷'이라는 스마트 버튼 구조를 발표했다. NFC 태그는 iOS 기반의 스마트 기기에서 활용하기 어렵고, 스마트폰 사용자들이 다양한 소재의 스마트폰 케이스나 액세서리를 스마트폰에 부착하기 시작하면서 NFC 태그의 인식이 어려운 경우가 종종 발생함을 알 수 있었다. 그리고 우리가 아주 쉽다고 생각했던 NFC 태그의 터치 또는 탭이 사용자들에게는 어색한 행동일 수 있음을 알았다. BLE 비컨도 앞서 언급한 바와 같이 사용자들이 원할 때 제대로 비컨 신호가 수신되지 않는다는 점, 사업자의 입장에서도 관리가 어렵다는 점 등이 그 활용의 한계로 드러났다. 그래서 안드로이드와 iOS 기

버튼 인터넷

애플리케이션

스마트 버튼

반 스마트 기기 모두에서 활용할 수 있고, 사용자가 원할 때만 서비스를 전달받을 수 있는 풀Pull 형태의 서비스 제공 방식, 사업자 입장에서 관리가 용이한 방법 등을 기준으로 새로운 사용자 경험을 만들어내고자 했고, 그 결과 버튼을 누른다는 직관적인 행동을 기반으로 하는 '버튼 인터넷'이 탄생하게 된 것이다.

스마트 버튼을 활용한 갤러리

갤러리를 방문한 고객이 큐레이터의 안내를 받아 작품 옆에 있는 버튼 인터넷 장치를 누르면 갤러리에 설치된 스마트폰에서 작가에 대한 설명이 나온다. 고객은 자신이 스마트 버튼을 누르면 그 옆에 있는 스마트폰이 반응한다는 것을 학습하게 된다. 이제 고객은 옆 작품의 감상을 위해서 이동한다. 그 작품 옆에도 역시 스마트 버튼이 붙어 있다. 이번에도 버튼을 눌러본다. 이번에는 갤러리 큐레이터의 스마트폰에서 작품 설명이 나오는 것을 보게 된다. 고객은 이제 자신의 스마트폰으로도 이러한 경험을 할 필요가 있겠다는 생각을 한다. 고객은 자신의 스마트폰에 애플리케이션을 다운로드하고, 이제 세 번째 작품으로 가서 스마트 버튼을 누른다. 이제는 작품 설명이 고객의 스마트폰에서 나오기 시작한다.

이러한 방식의 3단계 과정을 거치면, 사람들이 버튼 인터넷을 쉽게 학습할 수 있을 것이다. 이때 고객의 스마트폰은 스마트 버튼과 미리 연결되는 것이 아니다. 사전 연결 없이도 손쉽게 여러 스마트 버튼과 바로 상호작용할 수 있는 것이다. 이러한 스마트 버튼을 가지고 할 수 있는 일은 무궁무진하다.

온라인과 오프라인, 새롭게 연결되다 ———○

브라질의 광고회사 DM9DDB는 브라질의 가구 회사 톡앤스톡 Tok&Stok 의 크리에이티브 마케팅을 위해 이미지 기반의 SNS인 핀터레스트와 협업해 '핀리스트Pinlist'라는 애플리케이션을 만들고, 고객이 가구점에 설치된 물리적 핀Pin 버튼을 누르면, 그 물리적 버튼이 고객의 스마트폰에 있는 핀리스트 애플리케이션과 연동해 실제 핀

버튼 인터넷 기반 스마트 갤러리 서비스

버튼 인터넷 기반 스마트 콘퍼런스 서비스

터레스트에서 핀이 추가되는 프로모션을 실시했다. 톡앤스톡의 고객이 상점을 돌아다니면서 관심 있는 상품에 부착된 물리적 핀 버튼을 누르면, 그 결과가 그들의 핀터레스트에 즉각 반영된다. 그 반영된 결과를 이 고객의 친구들이 보게 되어 온라인 마케팅 효과를 얻게 되고, 이러한 행동을 한 고객과 톡앤스톡의 관계는 강화된다.

이처럼 오프라인 방문객의 참여를 자연스럽게 이끌어내고 오프라인 방문객에게 새로운 경험을 선사하면 고객과의 관계가 강화되며, 이 과정에서 그 결과가 온라인으로 자연스럽게 퍼져나가면 온라인의 고객들을 새롭게 획득하는 선순환 구조를 이룩할 수 있을 것이다. 실세계를 미디어로 만들어가는 과정의 핵심 기술인 사물인터넷은 버튼 인터넷으로 쉬워지고, 쉬운 버튼 인터넷은 오프라인의 활동을 더 쉽게 온라인으로 연계하는 O4O Online for Offline 에 획기적인 기여를 하게 될 것이다. 그리고 결과는 다시 O2O라는 새로운 세렌디피티를 발생시키게 될 것이다.

그런데 NFC 태그부터 버튼 인터넷까지 다양한 기술을 기반으로 사업을 수행하면서 얻은 중요한 통찰은 정작 고객은 그 기술이 무엇인지 알고 싶어 하지도 않고, 궁금해하지도 않는다는 것이다. 고객들에게 중요한 것은 어떤 서비스를 받고자 할 때 얼마나 쉽고 간편하게 받을 수 있는가 하는 것뿐이었고, 그래서 우리는 버튼을 '누른다'라는 행위에 관심을 가졌던 것이다. 우리는 오늘 하루 몇 번이나 버튼을 눌렀을까? 엘리베이터에서, 출입문에서, 버스에서, 식당에서…… 우리는 이미 고객들에게 "어떤 버튼을 누르면, 내가 원하는 서비스가 전달된다"라는 인식이 자리 잡고 있다고 판단했다. 버튼 인터넷은 오프라인 사업자들에게는 각종 비즈니스 서비스 프로세스를 자동화하는 혜택을 가져다줄 것이고, 오프라인 사업 공간 내에서 고객들의 참여를 불러일으켜 사업자와 소비자가 좀 더 돈독한 관계를 갖는 데 기여할 것이다. 그리고 오프라인에서의 독특한 경험은 결국 고객과 사업자의 온라인 관계 역시 강화시킬 것이다.

실세계와 소통하는 다양한 기술

우리는 제공하고자 하는 서비스의 목적과 실세계 환경의 특성에 따라 다양한 기술들을 선택 또는 통합해 적용할 수 있다. QR 코드, NFC 태그, 스마트 버튼은 사용자가 서비스를 원할 때만 자신의 의지에 근거해 태그 스캔, 태그 터치, 버튼 푸시 등의 행동을 하게 되고, 이를 기반으로 서비스가 제공된다. 그러나 BLE 비컨은 서비스가 푸시 형태로 전달되기 때문에 스팸 가능성이 존재한다. 관리 측면에서 QR 코드, NFC 태그는 별도의 배터리가 필요 없지만, BLE 비컨과 스마트 버튼은 별도의 전력이 요구된다. 그러나 기존 BLE 비컨과 스마트 버튼의 가장 큰 차이점은 BLE 비컨은 사용 여부와 상관없이 지속적으로 전력이 소모되지만, 스마트 버튼은 누를 경우에만 전력이 소모된다는 것이다.

QR 코드, NFC 태그, BLE 비컨, 스마트 버튼 모두 최종적으로 사용자에게 전달되는 서비스는 동일한 형태로 보일 수 있지만, QR 코드는 출석 확인 등의 개인화 서비스에 적용하는 데 한계가 있다. NFC 태그, BLE 비컨, 스마트 버튼은 현장에 사용자가 실제로 존재해야 그 신호를 통해 서비스를 제공받을 수 있지만, QR 코드는 코드

새로운 인간 상호작용의 모습과 기술

	태그 스캔 (Tag Scan)	태그 터치 (Tag Touch)	비컨 캐치 (Beacon Catch)	버튼 푸시 (Button Push)
정보 제공 방식	풀(Pull)	풀(Pull)	푸시(Push) (스팸 가능성 존재)	풀(Pull)
배터리	필요 없음	필요 없음	사용 여부 상관 없이 지속 소모	버튼 누를 경우 에만 전력 사용
사용자 행동	광학적 스캐닝 (일반인 사용 불편)	신호 스캐닝 (일반인 사용 어려움)	신호 캐칭 (일반인 사용 어려움)	버튼 푸싱, 터칭 (일반인 사용 용이)
개인화 서비스	불가능	가능	가능	가능
브랜드 마케팅	가능	가능	불가능	가능

이미지만 가지고 있으면 그 현장이 아니더라도 서비스를 제공받을 수 있기 때문이다. 그리고 QR 코드, NFC 태그, 스마트 버튼은 사용자의 눈에 보이는 곳에 적용되기 때문에 오프라인 공간에서 브랜드를 노출시킬 수 있지만, BLE 비컨은 사용자의 손에 닿지 않는 천장 등에 설치하는 것이 일반적이기 때문에 브랜드 마케팅 등에 활용하기 어렵다.

앞서 설명한 샤잠, 사운드하운드, 아마존 파이어플라이, 구글 고글은 사업자의 동의와 물리적 인식 장치 없이 플랫폼 회사가 자동 인식 기술을 통해 정보와 서비스를 제공하는 형태인 반면, 광학적 인식 코드, NFC 태그, BLE 비컨, 스마트 버튼 방식은 사업자가 자신의 이익을 위해 어떤 물리적 인식 장치를 설치하고 사용자들이 이를 사용하는 형태다. 결국 이 기술들은 사람이 공간에서 사물이나 사람 또는 실세계와 상호작용할 때 자신이 관심을 갖는 특정 대상을 지정하고 이 대상과 소통하는 방법을 제공하는 것이다.

과연 자동 인식을 통한 실세계 상호작용이 음악이 아닌 다른 분야에서도 사업적으로 성공을 거둘 것인지, 또는 사업자의 물리적 장치나 표식을 통한 실세계 상호작용이 의미 있는 성공을 거둘 것인지는 아직 결론이 나지 않았다. 이 역시 여전히 연구개발 사업의 중요한 이슈이지만, 무엇보다 중요한 인식은 실세계를 만족시키는 기술이 다양하다는 것이다. 다양한 기술을 활용해 어떻게 실세계를 만족시키는 비즈니스 모델을 만들어낼 것인가가 관건이다.

주문, 두려워하지 마세요

　NFC 태그, BLE 비컨, 스마트 버튼 등이 사용자를 서비스나 비즈니스에 참여시키는 물리적 UI, UX의 역할을 수행한다면, 이러한 기술들과 상호작용한 후 사용자의 스마트 기기에서 UI, UX는 어떤 모습으로 나타날 것인가?[3] 우리는 그 기반에 인공지능이 적극 활용될 수 있다고 조망한다.

　실세계가 미디어로 된 환경에서 등장할 수 있는 '스마트 비교 쇼핑' 비즈니스 모델을 살펴보자.[4] 이는 오프라인 상거래 공간이 전시장의 개념으로 바뀌고 사람들이 그 전시장에서 상품을 확인하며 NFC 태그나 스마트 버튼과의 상호작용을 통해 온·오프라인 판매자들의 가격을 비교하는 모델이다. 이때 상품에 대한 설명은 미리 준비된 고정된 콘텐츠로 제공될 수도 있지만 카드봇 등의 자동적인 방법을 활용할 수도 있고, 심지어는 원격의 사람과도 소통할 수 있다. 원격의 사람과 소통하는 서비스의 경우 수터블 테크놀로지Suitable Technologies의 '빔Beam'이 대표적인 사례다.

전시 공간 스마트 서비스의 오디오 가이드 콘텐츠를 제공하면서 여러 방법들을 사용한 경험이 있다. 처음에는 전문 성우를 활용해 콘텐츠를 제작했다. 이는 듣기에는 좋을 수 있지만 제작 비용이 높았다. 그래서 콘텐츠가 자주 바뀌는 공간의 경우에는 공간 관리자가 직접 녹음하도록 했는데, 이는 공간 관리자의 일거리를 늘려주는 동시에 해당 공간의 고객들도 만족하지 못하는 결과를 가져왔다. 그다음으로 시도한 것이 네이버 애플리케이션 뉴스의 '본문 듣기' 서비스와 같이 기계가 읽어주는 콘텐츠였다. 이 방법은 콘텐츠 생성은 용이했지만, 띄어쓰기 등 원고의 상태에 따라 콘텐츠 품질의 차이가 컸고, 고객들에 따라서도 만족도의 차이가 많이 달랐다. 물론 앞으로 관련 기술의 발전에 따라 사용될 가능성이 존재한다.

챗봇 개발을 염두에 두고 있는 기업들은 실시간 쇼핑 문의 서비스 '네이버 톡톡'의 사례를 참고할 필요가 있다.[5] 네이버는 광고주들을 위해 자동화된 챗봇을 개발했으나 기능이 완전하지 못해 적정 응답률은 7퍼센트에 불과했고, 상담 후 구매 전환율은 1000명 중에 한 명꼴밖에 되지 않았다. 고객들은 질문을 일일이 타이핑해야 한다고 불평하기도 했다. 네이버는 결국 채팅 방식이 아닌 카드 방식의 챗봇을 구현했다. 사용자가 이 서비스를 이용할 경우 타이핑할 필요

없이 클릭만으로 주문을 진행할 수 있다.

네이버와 카드봇 방식의 챗봇을 만든 도미노피자와 굽네치킨은 의미 있는 성과를 경험했다. 적합 응대율은 30퍼센트에 육박하고, 구매 전환은 10퍼센트대로 올라갔다. 주목할 만한 것은 전체 주문자의 60퍼센트 이상이 신규 고객이라는 점이다. 카드봇 방식의 챗봇을 구현하니 사용자들은 타이핑을 하지 않아도 되고, 네 번 정도의 선택을 통해 주문이 완료된다. 로그인도 필요 없고, 전화 통화도 할 필요가 없으니, 편리하고 빨라서 좋다는 반응이다. 그 과정에서 네이버는 또 하나의 교훈을 얻는다. '챗봇 주문하기'라는 버튼을 만들었더니 아무도 그것을 누르지 않더라는 것이다. 아직 고객은 챗봇이 무엇인지도 모르는 까닭에 피자나 치킨을 주문하러 온 고객에게 챗봇으로 주문하라고 하면 챗봇 자체를 주문하라는 줄 알고 두려워한다는 것이었다. 그래서 네이버는 '챗봇 주문하기' 버튼의 이름을 '간편 주문하기'로 바꿨다. 그러자 많은 사람들이 그 버튼을 누르기 시작했다.

네이버 측은 그간의 고통을 이렇게 토로하기도 했다. 네이버의 고객인 광고주 기업들이 인공지능 챗봇을 영화 〈그녀〉에 나온 인공지능처럼 상상하면서 너무 큰 기대와 함께 현재로서는 불가능한 기능을 요구하고 있다는 것이다. 영화와 같은 인공지능은 아직 멀었다. 인공지능은 영화가 아니다. 영화를 보고 인공지능을 이야기하는 것은 인공지능을 이야기하는 것이 아니라 인공지능 영화에 대해 이야기하는 것이다. 인공지능을 상상하지 말고 겪어보자. 영화와 같은 챗봇은 아직 멀었으니 카드봇부터 생각해보자. 카드봇도 개발하기 전에 먼저 써보자. 인공지능을 손에 잡아보자. 그것이 고객에게 다가가는 첫걸음이다.

상거래와 미디어가
통합되는 현장

+9

사람, 사물, 장소, 콘텐츠

　새로운 소통과 거래가 가능해지는 공간에 우리는 '상거래 미디어 통합 공간Commerce-media Integrated Space'이라는 이름을 붙였다.[1] 상거래와 미디어의 통합 공간 모델은 월드와이드웹의 상업적 진화에 대한 관찰을 통해 도출한 개념이다. 월드와이드웹은 초기부터 하나의 공간으로 간주되어왔는데, 이는 또 다른 정보나 서비스로 연결되는 수많은 링크를 가진 링크화된 공간이었다. 우리가 언급한 바와 같이 미디어를 '하나의 대상을 다른 것으로 연결시켜주는 매개체의 역할을 하는 것'으로 정의했을 때 월드와이드웹은 '미디어화된 공간'인데, 이 미디어화된 공간으로서 월드와이드웹의 성공은 상업화에 따른 것이었다.

인터넷 비즈니스 모델 중 가장 많은 수익을 창출하고 있는 비즈니스 모델이 무엇인가? 바로 고객과 사업자를 연결해 거래를 일으키는 비즈니스 모델이다. 결국 월드와이드웹의 교훈으로부터 우리는 미디어화된 실세계는 상업화 전략에 의해 번창할 수 있을 것으로 보며, 그 모델이자 전략의 이름이 '상거래 미디어 통합 공간'인 것이다. 여기서 상거래와 미디어가 '통합'된다는 것은 미디어의 소비와 상거래의 수행이 같은 공간 내에서 이루어지는 것을 의미한다.

정보통신 기술과 운송 기술이 발전하지 않았던 사회의 전통 시장을 생각해보면 본래 시장은 상거래와 미디어가 통합된 공간이었음을 알 수 있다. 윤병철은 『조선, 말이 통하다』[2]라는 책에서 상거래 활동이 커뮤니케이션 영역을 확대시키는 메커니즘을 검토했다. 그는 전통 시장에서는 교환 활동 등의 상거래를 통해 그 제품에 담긴 의미와 그 제품의 배후 세계를 접할 수 있고, 자신이 속한 공동체 외부의 사람인 상인과 대화할 수 있는 기회를 획득함으로써 교환되는 제품을 넘어 외부 사회의 정보와 지식을 획득하게 된다고 설명한다. 이는 전통 시장이 단순한 생산물의 교환 장소가 아니라 다양한 커뮤니케이션이 이루어질 수 있는 장소였음을 의미하는 것이다.

전통 시장 환경에서는 시장에 어떤 제품이 판매되고 있는지, 자신이 필요로 하는 제품이 진열되어 있는지 등에 대한 정보를 얻기 위해 직접 시장을 방문해야 했다. 대량생산 체제가 갖춰져 있지 않던 환경에서는 오늘 판매하고 있는 제품을 내일 구매할 수 있을지 확신할 수 없었기 때문에 사람들은 시장을 떠나기 전에 제품의 구입 여부를 결정해야 했고, 이것이 상거래와 미디어가 통합된 초기의 모습이 아니었나 생각한다.

인쇄술의 발달과 우편, 철도 등 네트워크 기술의 발달은 '카탈로그 쇼핑'이라는 새로운 상거래 모델이 가능하도록 했다. 인쇄술이 발달함에 따라 그림 등의 인쇄가 가능해지면서 제품에 대한 구체적인 정보 제공이 가능해졌고, 산업혁명으로 인한 대량생산의 이점이 인쇄 산업에도 영향을 미쳐 인쇄물을 싼값에 생산하게 되어 카탈로그를 제작할 수 있었던 것이다. 그리고 우편과 철도 등 운송 기술의 발달은 카탈로그를 먼 곳까지 보낼 수 있게 했고, 우편 주문과 상품의 배송이 가능하도록 했다. 결국 사람들은 카탈로그를 통해 시장에 직접 방문하지 않고도 제품에 대한 정보를 획득하고 우편이나 전화 등을 통해 주문할 수 있게 되었는데, 이는 본래 상거래를 목적으로 하지 않는 가정이나 회사 같은 공간에 '카탈로그'라는 상거래를 유발시키는 미디어를 제공함으로써 전통 시장에 이어 미디어의 소비와 상거래가 하나의 장소에서 발생하도록 한 상거래와 미디어 통합 공간의 또 다른 예였다. 그러나 카탈로그 쇼핑은 카탈로그 자체를 통해 주문과 결제가 매끄럽게 연결되는 형태는 아니기 때문에 강한 상거래와 미디어 통합 공간이라고 볼 수 없는 것도 사실이다.

개인 운송 수단이 발달하고 현대적 도로가 건설됨에 따라 카탈로그 쇼핑보다는 제품을 직접 보고 바로 구매할 수 있는 슈퍼스토어가 발전하기 시작했다. 즉 사람들이 다시 시장으로 나와 정보를 소비하고 상거래를 하게 된 것이다.

신문, 잡지, 라디오, 텔레비전과 같은 대중 매체가 발달하고 대량 생산을 통한 표준화된 제품의 거래가 진행됨에 따라 미디어의 소비와 상거래가 시공간적으로 완전히 분리되기 시작했다. 예를 들어 텔레비전 제품 광고를 보더라도 이를 구매하기 위해서는 상점을 방문해야 했던 것이다. 물론 텔레비전을 통한 홈쇼핑은 전화와 텔레비전이라는 정보통신 기술의 발달과 택배라는 물류 네트워크 기술의 발달을 통해 상거래와 미디어 소비가 하나의 공간에서 통합되어 이루어지게 된 경우다.

월드와이드웹의 등장으로 사람들은 '전자상거래'라는 새로운 상거래 모델 혁명을 맞이하게 되었는데, 이는 혁신적인 정보통신 기술과 물류 네트워크 기술의 발달을 통해 가능해진 것이다. 사람들은 월드와이드웹 환경에서 카탈로그 쇼핑보다 풍부하고 질 높은 정보를 획득하게 되었고 정보를 소비하는 동시에 이와 관련된 상품을 구매할 수 있었는데, 이는 웹 환경에서 상거래와 미디어가 통합된 것이라 할 수 있다.

하이퍼링크, 강력한 연결을 불러오다 ———○

우리는 이를 기반으로 실세계가 미디어화된 환경에서 상거래와 미디어가 통합되는 모습을 조망해볼 수 있다. 월드와이드웹이 디지털 정보 사이를 이어주는 하이퍼링크를 중요한 특징으로 가진다면, 실세계가 미디어화된 환경에서는 실세계의 개체와 온라인의 디지털 콘텐츠 사이를 이음매 없이 연결해주는 하이퍼링크가 실세계에 만들어짐에 따라 사람들의 경제생활이 새롭게 변화하고 있다. 이는 웹 환경에서 상거래와 미디어가 웹 페이지들에 혼재되어 상호 소통하는 것과 같이, 실세계가 미디어화된 환경에서는 상거래와 미디어가 실세계에 혼재되어 유기적으로 연결된 환경으로, 실세계가 재탄생하는 것을 의미한다. 더 구체적으로 보자면 실세계에는 사람People, 사물Product, 장소Place, 콘텐츠Contents가 존재하는데, 여기에 하이퍼링크가 더해짐에 따라 사람, 사물, 장소, 콘텐츠가 미디어의 역할을 수행하게 되고 이를 기반으로 상거래가 발생하는 것이다.

실세계가 미디어로 변화된 환경에서 나타날 수 있는 새로운 상거래 모델인 레퍼럴 마케팅Referral Marketing 비즈니스 모델을 예로 들어보자.[3] 내가 가진 멋진 가방을 보고 누군가가 똑같은 가방을 구매했다. 기존 실세계에서는 내가 그 가방의 새로운 거래에 기여했어도 그에 대한 인센티브를 얻을 수 있는 방법이 전혀 없었다. 즉 내가 새로운 거래에 기여했는지 알 수 있는 방법도 없었고, 열심히 기여할 필요도 없는 것이었다. 그런데 만약 그 가방에 NFC 태그가 부착되어 있다면 어떨까. 누군가가 가방이 멋있다고 하면서 그에 대한 정보를 물어보면 나는 그의 스마트폰으로 내 가방의 NFC 태그를 터치하라고 할 것이다. 그러면 상대방의 스마트폰에는 가방과 관련된 정보가 나타날 것이고, 상대방은 그 정보를 기반으로 구매할 수 있다. 이때 나는 미디어화된 가방을 통해 새로운 거래에 기여한 것이고, 판매 금액의 일부를 인센티브로 받을 수 있는 것이다.

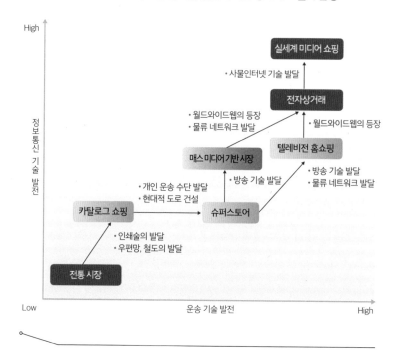

운송 기술 발전과 정보통신 기술 발전에 따른 상거래 모델의 탄생

이 밖에도 스마트 디스플레이 비즈니스 모델,[4] 스마트 책 비즈니스 모델[5]도 생각해볼 수 있다. 기존 실세계에서는 지하철 등의 디스플레이에서 어떤 콘텐츠가 나오고 있을 때 관심이 있어도 저장할 수 있는 방법이 없었다. 따라서 지하철 디스플레이를 통한 광고를 한다 하더라도 그 효과를 정확히 파악할 수 있는 방법이 없었다. 그런데 만약 디스플레이 옆에 스마트 버튼이 부착되어 있다면? 지하철 디

스플레이에서 나오는 광고에 관심이 생기면 스마트 버튼을 눌러 해당 광고의 정보를 자신의 스마트폰에 저장할 수 있을 것이다. 그러면 이후에 언제라도 저장된 정보를 통해 새로운 거래를 할 수 있다. 이렇게 실세계가 미디어화된 환경에서는 강한 상거래와 미디어 통합 공간이 나타날 것이고, 이는 '미디어가 내재된 사람Media-embedded People', '미디어가 내재된 사물Media-embedded Product', '미디어가 내재된 공간Media-embedded Place', '미디어가 내재된 콘텐츠Media-embedded Content'로 구성될 것이다.

구글과 페이스북, 무엇이 같고 무엇이 다른가 ──○

수백 조원의 기업 가치를 가진 구글과 페이스북 역시 소통을 통해 새로운 거래를 발생시키는 미디어 기업이다. 구글의 비즈니스 모델 중 하나인 키워드 검색 광고는 '검색어'를 통해 사용자의 니즈를 파악하고, 그에 부합하는 검색 결과를 관련성 높은 솔루션, 즉 광고주가 제공하는 제품 또는 서비스와 연결시켜주는 것이 핵심이다. 이 모델은 빌 그로스Bill Gross가 창업한 고투닷컴GoTo.com에서 시작되었고 오늘날 구글이 글로벌 IT 공룡으로 성장하는 데 밑거름이 되었다.

페이스북은 기본적으로 사람과 사람을 소통하게 하는 플랫폼으로 시작했다. 초기에는 비즈니스 모델이 명확하지 않았지만, 친구가 페이스북에 포스팅한 스테이크 사진을 보면 나도 스테이크가 먹고 싶어지는 것처럼 사람의 니즈를 불러일으키는 광고 기법을 도입

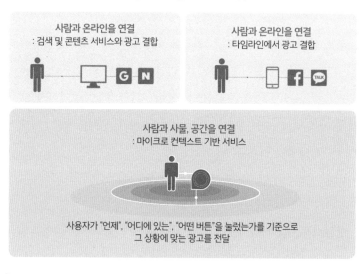

함으로써 눈부신 성장을 거듭했다. 여기서 구글의 광고와 페이스북 광고의 주요한 차이가 발생하는데, 구글의 키워드 검색 광고는 이미 발현된 소비자의 니즈를 연관성 높은 솔루션과 연결시켜주지만 소비자의 니즈 자체를 만들어내지는 못한다. 그러나 페이스북, 그리고 페이스북이 인수한 인스타그램은 사용자 사이의 소통과 여러 경로로 파악된 사용자의 정보에 기반해 니즈 자체를 불러일으키거나 강화시킬 수 있기 때문에 후발 주자임에도 불구하고 구글을 위협하는 글로벌 디지털 광고 시장의 강자로 떠오르고 있다.

그런데 사람을 온라인 콘텐츠와 소통하게 해 새로운 거래를 만들어낸 구글, 사람과 사람을 소통하게 해 새로운 거래를 만들어낸 페이스북이 못하는 것이 있는데, 바로 실세계 공간에서 사용자의 마이크로 컨텍스트Micro-Context를 파악하는 것이다. 2층으로 된 식당이 있다. 지금 구글이나 페이스북에서는 누가 이 식당을 방문했는지는 파악할 수 있지만, 그 사람이 식당의 어디에 앉아 무엇을 주문했는지는 파악할 수 없다. 그러나 만약 이 식당의 테이블에 스마트 버튼이 부착되어 있고, 이를 통해 다양한 서비스를 제공할 수 있다면 상황은 달라진다. 누가, 언제, 이 식당의 어떤 테이블에 앉아서 무엇을 주문했는지 등을 파악할 수 있게 된다. 즉 스마트 버튼을 통해 사람과 사물, 공간이 연결되어 이에 기반해 새로운 소통과 거래가 가능해지는 것이다.

이는 소비자의 실세계 활동 정보를 파악하지 못한 까닭에 광고주의 니즈만을 반영해 상업적인 정보를 푸시 형태로 제공할 수밖에 없었던 기존 오프라인 디지털 광고 플랫폼의 한계를 극복하는 혁신적인 방법으로, 이를 통해 새로운 광고 시장을 창출할 수 있을 것이다. 또한 이 과정에서 사용자 혜택과 사업자 간 수익 공유 및 지급을 위해 블록체인에 기반한 암호 화폐 등을 활용하게 되면, 중간 정산과 시간 지연이 없는 공정하고 즉각적인 보상이 가능해지고, 거래 비용이 획기적으로 축소됨에 따라 불가능하거나 이해하지 못했던 마이크로 거래Micro-transaction 역시 이뤄질 수 있을 것이다.

현장에 가면 보인다

    김위찬과 르네 마보안의 『블루오션 전략』에 따르면 전략적 통찰은 천재성에서 나오는 것이 아니라 현장에 나가서 경쟁의 경계선에 도전한 결과 나오는 것이라고 한다. 그리고 절대로 자신의 눈을 아웃소싱하지 말고 현장으로 나가라고 말한다. 우리 역시 실세계를 미디어로 만드는 다양한 프로젝트들을 진행했지만, 그 다양한 프로젝트 공간에서 항상 사용자들을 관찰할 수는 없었다. 그래서 일반 사용자들이 언제든 접근해 우리 서비스를 마음껏 사용할 수 있는 공간을 만들기로 했다. 이 공간은 우리가 개발한 서비스를 가장 처음으로 적용하는 실험실이자 상업 갤러리이며 카페이기도 하다. 이 공간을 통해 사용자들이 우리 서비스를 어떻게 사용하는지 직접 실험하고자 했다.

갤러리를 운영하면서 발견한 사실은 사용자뿐 아니라 현장에서 일하는 사람들 역시 서비스를 쉽게 이용할 수 있어야 한다는 것이었다. 이 공간에서는 다양한 전시회가 열리는데, 초기에 우리는 전시회의 스마트 도슨트 서비스를 위해 별도의 콘텐츠 관리 시스템을 만들어 공간 관리자에게 제공했다. 문제는 새로운 전시가 열릴 때마다 실물 작품의 온라인 콘텐츠를 만드는 작업이 공간 관리자에게는 아주 고통스러운 일이 된다는 것이었다. 또한 우리가 제공한 콘텐츠 관리 시스템은 일정 템플릿에 맞춰 콘텐츠를 입력하도록 되어 있었는데 이것도 힘들어했다. 그러다 보니 자연스럽게 스마트 도슨트 서비스의 활용도가 떨어질 수밖에 없었다.

이후 우리는 기존 콘텐츠 관리 시스템을 이용하지 않기로 결정했고, 페이스북에 전시 작품과 관련된 간단한 콘텐츠를 등록하는 것으로 콘텐츠 관리 시스템을 대신했다. 아주 작은 변화일 수 있지만, 일단 이를 통해 공간 관리자의 부담이 줄었고 그에 따라 자연스럽게 대부분의 전시에 스마트 도슨트 서비스를 이용하게 되었다. 그리고 페이스북이라는 기존 소셜미디어를 이용하다 보니, 현장에서의 콘텐츠 제공과 온라인 홍보가 동시에 이루어지는 효과도 얻을 수 있었다.

우리는 대규모 조직에서 실세계를 미디어화하는 서비스를 만들 때, 현장 직원의 상황을 제대로 반영하지 못하는 경우를 종종 볼 수 있었다. 실세계를 미디어화하는 목적 중 하나는 그동안 발생한 불필요한 비용을 줄이는 것이기도 하다. 따라서 이 일이 현장에서 일하는 사람들의 불필요한 업무를 줄여주고 지원해줘야 한다. 그럼에도 불구하고 오히려 그들이 해야 할 일이 많아진다면 이 서비스가 현장에서 제대로 작동할 수 있겠는가? 그리고 이러한 비용을 줄이는 일들이 그들의 직업을 빼앗는다는 등의 인식을 심어줘서도 안 될 것이다. 실세계를 미디어화하는 일은 기존 직업의 대체가 아니라, 기존 현장의 비효율성을 제거해 현장의 직원들이 자신의 업무에 더욱 집중할 수 있도록 도와주는 것이라는 공감 역시 선행되어야 할 필수적인 과정이다.

데이터와 인사이트의 보고

    우리는 2012년 실세계에서의 관광객 행동 시점_{PoB, Point of Behavior}
데이터를 효과적, 효율적으로 수집 및 관리하고, 이를 통해 관광객에
게 스마트 투어 서비스를 제공하는 기술에 대한 연구를 수행했다. 기
존에는 관광지 곳곳에 관찰자를 두어 관광객들의 행동을 관찰 연구
하는 것 외에는 다른 방법이 없었다. 그러나 실세계에서 발생하는 다
양한 관광객들의 행동을 소수의 관찰자가 파악하는 데는 한계가 있
다. 이 연구에서는 이러한 한계점들을 극복하고, 관광객들에게 시의
적절한 콘텐츠를 제공하기 위해 전자 태그 기반의 서비스 제공 시스
템과 서비스 사용 데이터 분석 시스템을 연구 개발했다. 개발된 시스
템은 실제 현장에 적용되었는데, 대표적인 적용 사례가 '2013 오송

화장품·뷰티 세계 박람회'다.[6]

이 박람회에서는 여러 가지 서비스가 제공되었다. 대규모 실내외 박람회장에 약 800개의 전자 태그가 적용되어 가장 인기 있는 전시관을 추천하는 '핫플레이스 추천 서비스', 참가 기업의 정보를 제공하는 '기업 정보 제공 서비스' 및 참가 기업의 상품 정보를 제공하는 '상품 정보 제공 서비스', 할인 쿠폰을 즉시 다운로드받아 사용할 수 있는 '쿠폰 다운로드 서비스', 전시 정보 카탈로그를 스마트폰에 다운로드받을 수 있는 'e-카탈로그 다운로드 서비스', 주변 지역의 관광지를 추천해주는 '주변 정보 추천 서비스', 기업 담당자 또는 비즈니스 관계자들이 스마트폰을 이용해 서로 프로필을 공유할 수 있는 '명함 교환 서비스' 등이 제공되었다. 이러한 서비스들은 8176명의 참관객들이 총 4만 181회 사용했으며, 우리는 이 사용 데이터를 통해 다음과 같은 결과를 얻었다.

시간대별 서비스 사용자 수를 통해 박람회 운영 시간 중 오전 11시~오후 12시와 오후 3시~오후 4시의 사용이 많은 것을 알 수 있었다. 이는 해당 시간대에 참관객들이 많이 방문한다는 뜻이고, 이후 행사 현장 요원의 운영 등에 활용될 수 있을 것이다. 전시관별 태그 터치 수와 태그 유형별 태그 터치 수를 분석했을 때는 '생명 뷰티관'이라는 전시관이 가장 인기가 있었고, 참관객들이 상품 정보 태그를 이용하는 비율이 가장 높았음을 파악할 수 있었다. 이러한 정보는 추후 유사 행사의 전시 기획에 적극 활용될 수 있을 것이다. 그리고 서비스 사용 데이터를 기반으로 참관객들의 관람 동선 및 방문한

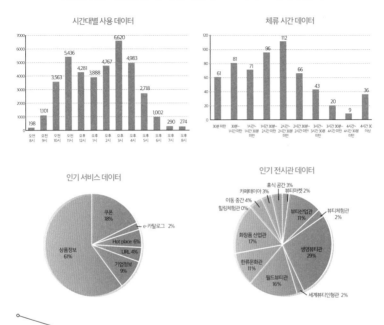

2013 오송 화장품·뷰티 세계 박람회 NFC 서비스 데이터 분석

시간대별 사용 데이터

체류 시간 데이터

인기 서비스 데이터

인기 전시관 데이터

전시 부스 사이의 상관관계를 분석했는데, 이는 박람회 공간의 부스 배치, 즉 오프라인 공간의 개체 배치에 활용될 수 있다.

우리는 현장 데이터의 분석을 통해 서비스의 개선이나 운영 방안 등에 대한 통찰을 얻기도 했다. 우리가 2016년 '버튼 인터넷' 구조를 제시한 후 이를 처음으로 적용한 전시회는 한국 동대문디지털플라자DDP에서 개최된 '백남준 쇼'였다. 세계적인 미디어 아티스트 백남

2013 오송 화장품·뷰티 세계 박람회 NFC 서비스 데이터 분석 시각화

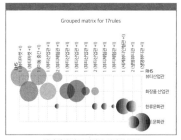

참관객의 방문 전시관 연관성 분석

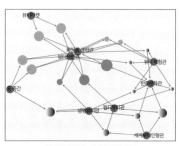

참관객의 방문 전시관 동선 분석

준의 서거 10주년을 맞아 기획된 특별 전시회였다. 전시회는 5개의 스토리텔링으로 구성되었는데, 대부분의 작품에 스마트 버튼을 적용해 관람객들에게 스마트 서비스를 제공했다. 약 3개월의 전시가 종료된 후 우리는 서비스 데이터를 분석했다.

요일별 방문 데이터를 분석한 결과, 관람객들이 보통 주말에 많이 방문하고, 평일 중에서도 목요일에는 방문객이 가장 적다는 사실을 알 수 있었다. 우리는 21개의 스마트 버튼을 적용했는데 그중 10~15회 이용한 관람객의 비율이 가장 높았다. 이러한 서비스 사용 횟수는 우리가 똑같이 서비스를 제공한 다른 전시 공간에 비해 높은 편이었다. 이를 통해 백남준 작가의 작품처럼 접근이 어렵고, 관람객의 관여도가 높은 전시의 경우에 스마트 서비스의 호응이 높을 수

백남준 쇼 스마트 버튼 서비스 사용 데이터를 통한 사용자 분석

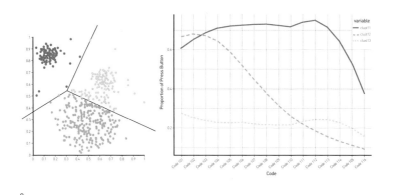

있다는 사실을 알았다. 또한 이 서비스는 한국의 힙합 뮤지션인 타블로가 녹음한 오디오 가이드를 제공했는데, 국립중앙박물관 반가사유상의 오디오 가이드 콘텐츠의 사례에서도 언급한 바와 같이 제공되는 서비스 콘텐츠의 품질이 그 공간의 만족(관람의 만족)과 재사용 충성도에 긍정적인 영향을 미친다는 것을 알 수 있었다.[7]

스마트 버튼 사용 데이터를 통해 어떤 전시물이 가장 인기가 있었는지도 파악할 수 있었고, 사용 행태를 기준으로 관람객이 '서비스를 지속적으로 사용하다가 마지막에만 집중도가 떨어져 사용하지 않는 그룹', '처음에만 잠깐 사용하다가 사용하지 않는 그룹', '서비스에 흥미가 없는 그룹'의 세 가지 그룹으로 나뉜 것도 흥미로웠다.[8]

처음에는 스마트 버튼을 사용하지 않다가 중간부터 사용하는 관람객들이 있음도 알 수 있었는데, 이는 사용자들이 반복 방문이 아닌 일회성 방문을 하는 공간에 스마트 서비스를 제공할 경우에는 이 서비스를 이용할 수 있는 NFC 태그, 스마트 버튼 등과 같은 물리적 트리거Trigger를 다수 적용해야 한다는 사실을 알려주었다.

현장의 관찰을 통해 관람객들이 스마트 버튼을 눌렀을 때 물리적 버튼에서 작은 불빛이 들어오도록 한 것 역시 서비스 사용을 유도한 주요 요인임을 알 수 있었다. 스마트폰에 애플리케이션을 설치하지 않은 관람객은 버튼을 눌러도 아무런 서비스를 받지 못한다. 물리적 버튼의 불빛만이 보일 뿐이다. 이때부터 관람객은 마치 자신만 좋은 무엇인가를 누리지 못하는 것 같은 생각에 조금씩 불안해진다. 그러던 중 스마트폰 애플리케이션을 설치한 관람객이 버튼을 눌러 스마트 서비스를 제공받는 모습을 보게 된다. 그러면 자신도 자발적으로 스마트폰 애플리케이션을 설치하게 되는 것이다. 이 때문에 버튼 인터넷 상용화 제품도 사용자가 버튼을 누를 경우 작은 불빛이 들어오도록 디자인되었다. 이는 결국 실세계를 미디어화하는 과정에서, 즉 오프라인 공간에서 온라인 서비스를 제공하는 과정에서 물리적 트리거의 디자인이 얼마나 중요한지를 엿볼 수 있게 해준다.

인터넷 환경에서는 클릭 데이터를 통해 사용자들의 행동을 분석하고 서비스 콘텐츠의 매력도 등을 평가한다. 그러나 실물 환경에서는 이를 확인할 수 있는 방법이 부재했다. 사람의 동선을 카메라로 촬영해 분석하는 방법이 연구되기는 했지만, 여기에는 실물 공간 곳곳에 촘촘하게 카메라를 설치해야 하는 비용의 부담, 촬영된 비디오 분석의 어려움, 프라이버시 문제 등이 존재한다. 이러한 분석 방법은 사람들이 어떤 공간을 방문했는지는 파악할 수 있지만, 그 공간 내의 어떤 것에 관심이 있어 방문했는지를 파악하는 데는 한계가 있다. 사람의 눈동자를 보는 것은 그 사람의 관심 대상을 파악하는 가장 정확한 방법이다. 그러나 현실의 기술은 그만큼 발전하지 못했고, 기술이 존재한다 하더라도 그것을 현장에 경제적·합법적으로 적용하는 것은 또 다른 이야기다. 전자적 장치와 사용자 스마트폰의 상호작용을 통해 사람의 눈동자를 관찰하는 것을 대신하고, 이를 근거로 실세계에서 사람들의 행동을 분석해 그들에게 더 좋은 서비스와 비즈니스를 전달하는 것이 더욱 바람직한 방법이다.

확장된 세계의
근미래 시나리오

+10

협력하고 배려하고 안심하는 사회

　세상을 변화시키고 있는 하나의 축은 네트워크, 즉 소통이다. 세상의 모든 것들이 점차 연결되고 소통하고 있다. 그리고 연결된 사람, 사물, 공간 사이의 집단 지성을 통해 점점 지능화되고 있다. 우리가 살고 있는 이 세상은 연결성과 지능성이 상호작용하면서 발전하고 있다.

　근미래 사회는 어떤 모습이 되어야 할 것인가? 사람들이 피부로 느끼며 만족하는 서비스를 지속 가능하게 제시하고, 사회 전반의 효율성을 달성할 수 있어야 한다고 생각한다. 그리고 그것은 다음과 같은 모습으로 나타나게 될 것이다.

첫 번째는 '협력 사회Collaborative Society'다. 본래 협력은 많은 비용을 발생시키는데, 실세계가 미디어화됨에 따라 그 비용이 감소하고 구성원들이 큰 노력을 들이지 않아도 자연스럽게 가능해질 것이다. 예를 들어 미국의 네스트와 같은 사물인터넷 온도 조절 장치나 국내 스타트업 기업인 인코어드테크놀로지가 개발한 에너톡은 사람들로 하여금 에너지를 쉽게 절약할 수 있도록 해 전기료를 아끼게 하는 동시에 사회는 대규모 정전 사태의 가능성을 줄일 수 있다. 또한 전 지구적으로는 탄소 배출량을 줄이는 수단이 된다. 인터넷으로 연결된 이런 허브가 가정의 여러 기기와 연결되면 수도 요금 절약 등 여타 자원 및 에너지 절약과 관련한 사회 정책을 더 쉽게 구현할 수 있다.

미국은 천식 비용으로 매년 1인당 약 200만 원을 지출할 만큼 천식으로 인한 사회적 지출이 큰 국가다. 프로펠러헬스Propeller Health는 천식 환자들이 사용하는 보조 기구인데 이 제조 회사는 거기에 작은 배터리와 GPS 센서를 부착했다. 그래서 천식 환자들이 이 제품을 사용하면 사용 위치 및 빈도 등의 데이터가 클라우드상에 저장되도록 했는데, 해당 데이터들을 기반으로 지도에 표시를 했더니 천식이 특히 많이 발생하는 지역이 나타났다. 그리고 정부가 그 지역들에 조사단을 보내 연구한 결과, 해당 지역에 천식을 유발하는 오염물질이 많다는 사실이 밝혀졌고, 이러한 데이터들을 토대로 어린이들의 스쿨버스 경로를 변경하는 등의 정책을 추진했다.

스마트 가로등을 통해 협력 사회의 모습을 구현하고 있는 사례도 있다. 바르셀로나의 가로등에는 센서가 설치되어 있어 거리를 지나는 사람들의 목소리나 움직임을 통해 인구 밀집도를 실시간으로 파악하고, 그에 따라 조명 밝기를 조절해 전력을 연간 30퍼센트 절감했다. 미국 시카고에서는 환경, 인프라, 특정 활동에 대해 계속해서 새로운 데이터를 수집하는 대화형 모듈 센서들의 네트워크인 AoT^{Array of Things} 프로젝트를 수행하고 있는데, 가로등에 날씨, 대기질, 소음 등을 측정할 수 있는 센서 상자를 부착해 실시간으로 환경, 인프라, 사람들의 활동에 대한 데이터를 수집한다. 수집된 데이터는 센서 상자가 설치된 '노드^{Node}'에서 분석해 관련 정부 기관에 전달하고, 그와 동시에 보안 장치를 거쳐 개방형 데이터로 시민들에게 제공된다. 예를 들어 수집된 데이터를 기반으로 운전자에게 도로 결빙 상태를 알려준다거나, 밤늦게 혼자 길을 걸어가야 하는 사람에게 보행자가 많은 경로를 제공하는 등의 서비스가 가능하다. AoT 프로젝트는 다양한 서비스를 제공할 수 있는 데이터 플랫폼으로 성장하면서 새로운 기능들이 지속적으로 추가되고 있는데, 민간의 참여를 통해 더욱 생생한 데이터를 수집하고, 새로운 부가가치를 창출하는 방향으로 발전해가고 있다.

협력 사회를 위한 서비스로 '스마트 공공 시설물 민원 처리 서비스'를 고려해볼 수 있다. 이는 문제가 발생한 공공 시설물을 전자 태그나 스마트 버튼 등을 통해 신고할 수 있는 시민 참여형 공공 시설물 관리 서비스다. 신호등이나 가로등과 같은 공공 시설물에 사물인

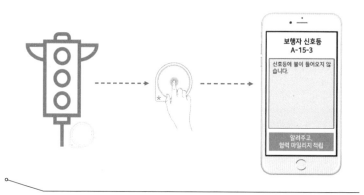

스마트 공공 시설물 민원 처리 서비스

보행자 신호등
A-15-3

신호등에 불이 들어오지 않습니다.

알려주고,
협력 마일리지 적립

터넷 기술이 적용되면, 그 시설물들은 미디어로 변하게 된다. 그리고 고장 난 공공 시설물을 발견한 시민이 자신의 스마트폰을 통해 미디어로 변한 공공 시설물과 상호작용을 하면 해당 정보와 민원 사항이 관리 부서에 전달되며, 시민은 기여한 대가로 토큰 등의 인센티브를 받게 된다. 시민은 이 인센티브를 모아 쓰레기 종량제 봉투를 구입할 수도 있고, 세금을 납부할 수도 있다.

간편 사회

두 번째는 '간편 사회Convenient Society'로, 불필요한 시간과 자원의 소비를 줄여주고 시민 생활의 불편함을 제거해 생활의 자유를 제공한다. 센서와 사물인터넷으로 연결된 쓰레기통은 사람들로 하여금 쓰레기 요일 배출제로 인해 불편을 겪지 않게 할 수 있다. 사람들은 요일을 신경 쓰지 않고 언제든지 쓰레기를 배출하게 되고, 구청 공무원은 쓰레기가 일정 수준 이상 찼다고 자동으로 연락이 오는 쓰레기통만 찾아다니면서 치우면 된다. 이런 과정이 반복되면 빅데이터가 축적돼 구청은 쓰레기통의 위치, 규모, 쓰레기 트럭의 동선을 더욱 효율적으로 개선할 수 있다.

구청이 쓰레기통과 적절히 소통하는 방법은 무엇일까? 이러한 문제를 해결하고자 하는 여러 움직임 중 하나가 저전력 광대역 네트워크LPWAN, Low-Power Wide-Area Network인데, 별도의 기지국 또는 중계 장비 없이 다양한 사물에 칩셋 기반의 통신 모뎀을 연결해서 가까운 거리에서 서로 꼭 필요한 데이터들만 주고받으면서도 별도의 망 구축 비용과 전력 소모를 최소화하는 방법이다.[1] 도시 지역은 3~10킬로미터까지 전송이 가능하고, 교외 지역은 30~50킬로미터까지 전송이 가능하며, 시야가 확보될 경우 1000킬로미터까지도 가능하다.

일반적인 셀룰러, 와이파이 등 모바일 망은 일반 사용자들이 전화를 하거나 멀티미디어 콘텐츠 소비를 지원하는 데 최적화되어 있지만, LPWAN은 소형 배터리의 저성능 컴퓨터로 구동되는 사물들을 위한 전용망으로, 저전력으로 저렴하게 많은 기기를 수용할 수 있는 서비스를 지향한다. 프랑스 기업 시그폭스Sigfox는 주파수 할당 대가를 내지 않고도 이용할 수 있도록, 정부가 남겨놓은 '비면허 주파수 대역'을 활용해 하루에 최대 12바이트짜리 메시지를 140회까지 사용할 수 있는 서비스를 제공한다.[2]

예를 들어 스마트 주차 시스템을 구축하려면 차량과 주차 공간 모두에 와이파이 또는 3G 모뎀을 각각 설치할 수도 있으나, 시그폭스 방식을 활용해서 동전 크기의 통신 센서(배터리 내장형)를 차와 주차 공간에 설치하면, 그것들이 기존의 이동 통신 기지국과 직접 연결된다. 이러한 방식은 온도와 습도 제어 장치, 가로등, 주차, 교통 센서, 그리고 전기·수도·가스 스마트 미터 등의 에너지 측정, 스마트 가전, 보안 시스템, 조명 등의 산업·상용·홈 자동화, 시청률 조사 장비 등에 활용될 수 있을 것으로 전망된다.

네트워크 센서가 갖춰야 할 조건 중에서 장시간의 배터리 유지와 무선 도달 범위 확장은 핵심 이슈가 되어왔다. 저전력 광대역 네트워크 분야에서 시그폭스의 초협대역UNB, Ultra Narrow Band과 경쟁하는 저전력 광역 무선통신기술 로라LoRa, Long Range Wide Area Network는 교외의 약 16킬로미터 이상의 범위에서 10년 이상 지속되는 배터리 수명으로 무선 통신을 구현하고 수백만 개의 무선 센서 노드를 게이트웨이에 연결할 수 있다.

바르셀로나에서는 스마트한 주차 시스템이 운영 중이다. 도로의 주차 공간에는 와이파이 가로등과 무선으로 연결된 지름 15센티미터의 센서가 설치되어 차량이 특정 공간에 주차되어 있는지를 감지한다. 그리고 관련된 정보는 모바일 애플리케이션 '파커'를 통해 시민들에게 전달되는데, 시민들은 빈 주차 공간을 실시간으로 파악함으로써 시간과 연료를 절약할 수 있고, 도시는 교통 체증을 줄이는 효과를 얻을 수 있다.

앞서 소개한 페이바이폰도 시민들에게 큰 편의를 제공하는 서비스의 예다.

간편 사회를 위한 사례로 '스마트 공공 시설물 활용 서비스'도 고려해볼 수 있다. 우리는 종종 출입문 손잡이가 쇠사슬로 칭칭 감겨 있는 체육 시설이나 공공 기관의 빈 회의실을 본다. 반면에 청소년들은 친구들과 농구 한 게임을 하기 위해 아파트 단지의 이곳저곳을 골대를 찾아 헤매고, 대학생들이나 성인들은 스터디 모임을 위해 카페를 찾거나 회의 공간을 임대하기 위해 애쓴다. 기존에 이러한 유휴 시설물, 즉 사용하지 않으면 그 순간의 가치가 0인 공간들이 충분히 활용되지 못한 이유는 관리의 어려움 때문이었다. 그러나 적절한 사물인터넷 기술과 핀테크 기술을 결합하면 공공 시설물의 예약 및 점유 상태 등을 확인할 수 있고, 해당 시설물의 활용에 대한 적절한 대가를 간편하게 지불할 수 있다. 예를 들어 직장인 스터디 모임을 위해 주민센터의 빈 회의실을 예약하고, 적당한 가격을 지불한다. 그러면 예약을 한 사용자의 스마트폰으로 예약 시간에 그 회의실의 문을 열 수 있는 스마트키가 전달되는 것이다. 사물인터넷 기술의 발전은 자원을 보호하는 동시에 자원을 잘 활용할 수 있고, 자원의 거래 비용을 줄이는 데 기여해 다양한 사회 문제를 해결할 수 있다.

안심 사회 ———○

세 번째는 안심 사회 Care Society 다. 위급 상황 발생 시에 거기서 쉽게 벗어날 수 있고, 일상생활 속에서도 안심하고 생활할 수 있는 서비스가 제공된다.

　네덜란드는 국토가 좁고 인구 밀도가 높아 자전거가 주요 교통수단으로 활용되고 있으나 사고 발생률이 매우 높다. 이에 '바이크스카우트BikeScout'라는 서비스를 제공하고 있는데, 이는 운행 차량으로 하여금 센서를 통해 자전거 속도와 방향을 감지하도록 하고, 자전거가 교차로에 도착하기 전에 LED 불빛을 통해 알림을 제공한다. 2014년 9월, 영국 런던에서는 시각 장애인이 점자 블록을 헤매다가 지하철 선로에서 추락하는 사고가 발생했다. 이를 계기로 런던 시에서는 시각 장애인의 외출을 지원하는 '웨이파인더Wayfinder'를 개발했다. 지하철 역사 내에 설치된 BLE 비컨을 활용해 시각 장애인의 스마트폰을 통해 음성으로 길 안내 서비스를 제공한다. 음성 안내는 골전도 이어폰을 활용해 주변 소리를 차단하지 않는다는 점에서 안전성까지 확보했다.

　스마트 워치와 같이 신체 정보 측정 기능을 가진 스마트 기기를 그를 필요로 하는 대상에 제공해 신체 상태의 지속적인 모니터링 및 응급 상황 알림 서비스를 제공하는 사례도 있다. 한국의 KT는 섬 지역에 거주하는 노인들에게 스마트 워치를 제공하고, 이상 심박수 등이 포착되면 해당 지역의 보건소와 보호자에게 알리는 시범 사업을 시행했다.

즐기고 공유하고 봉사하는 국가

문화 사회

문화 사회Culture Society는 시민에게 지속적으로 행복을 주는, 삶을 풍요롭게 할 수 있는 문화 서비스가 제공되는 사회를 의미하는데, 이는 일상생활 곳곳에서 다양한 문화 예술 접점을 늘리는 것으로 가능해질 것이다.

영국 런던과 맨체스터에서는 공공장소에 세워진 동상들이 자신의 이야기를 행인들에게 들려주는 '스마트 동상 서비스'를 운영하는데, 그 결과 단순 조형물에 불과했던 동상들이 스마트 동상으로 재탄생할 수 있었다. 조형물의 명판에 링크 주소와 NFC 태그, QR 코드 등이 설치되어 있어, 행인들이 자신의 스마트폰으로 상호작용을 하면, 유명 작가들이 대사를 쓰고 배우들이 목소리 연기를 한 콘텐츠를 확인할 수 있다. 영국의 스마트 동상은 도시의 주요 랜드마크에 새로운 활력을 불어넣고 있는데, 빅토리아 여왕 조형물이 켄싱턴 궁에서 열리는 빅토리아 전展에 방문해볼 것을 권유하는 것과 같은 주변 연계 콘텐츠를 제공하는 서비스를 하고 있다.

오스트리아 클라겐푸르트에서 진행한 잉게보르크 프로젝트는 도시의 다양한 공간에서 다양한 문화 콘텐츠를 NFC 태그를 매개로 제공한 바 있다. 처음에는 아르투르 슈니츨러Arthur Schnitzler의 『살인자Der Mörder』는 경찰서 근처에서, 셰익스피어의 『한여름 밤의 꿈 A Midsummer Night's Dream』은 호숫가에서 제공하는 등 저작권이 만료된 고전 콘텐츠를 도시의 관련 지역에서 제공하는 것으로 시작했고, 점차 지역 아티스트의 콘텐츠를 소개하는 서비스로 확대했다. 시민들이 NFC 태그를 스마트폰으로 읽으면 그 지역과 관련된 고전이나 지역 아티스트들을 소개해주는 것이다.

공유 경제 ──○

미국의 경제학자 더글러스 노스Douglass North는 재산권을 잘 보호하고 활용하는 제도를 가진 사회일수록 재화와 서비스의 거래에 드는 비용을 줄이는 제도를 가진 사회일수록 부강하다는 것을 실증적으로 밝혀 노벨경제학상을 받았다.[3] 대런 애쓰모글루Daron Acemoglu와 제임스 로빈슨James Robinson은 『국가는 왜 실패하는가Why Nations Fail』

라는 책에서 여기에 덧붙여, 민주화가 더 진전된 국가일수록 부강하다는 결론을 내린다. 민주화라는 것은 권력을 국민과 더 많이 공유하는 것을 의미한다. 권력을 더 많이 공유하면, 그 권력을 가진 유권자는 더 많이 아이디어를 내려고 노력한다. 정치에서는 최적의 공유비율이라는 것이 계산될 수 없기에, 대부분의 민주주의 국가는 1인 1표제를 통해 권력을 공유한다. 그리고 민주주의의 진전이 국가를 더 부강하게 한다는 것은 한국의 역사뿐 아니라 현재 대부분의 발전된 국가의 역사에서도 증명되고 있다.

경제체제도 이와 정확히 같지는 않지만, 더 적은 소유를 통한 더 많은 활용이라는 하나의 발전 방향이 정착하고 있다. 그것이 이른바 공유 경제다. 중국 베이징에서는 많은 사람이 같은 색깔의 자전거를 타고 다닌다. 오렌지색 자전거는 '모바이크', 노란색 자전거는 '오포'라는 회사의 자전거로 이 회사들은 자전거 공유 서비스를 제공한다. 거리에 놓인 자전거를 타고 가다가 더 탈 일이 없으면 아무 곳에나 두고 가면 된다. 놓고 간 자전거는 다른 사람이 사용한다. 회사는 자전거에 위치 추적 장치GPS를 장착해 실시간으로 소재를 파악한다. 도난되거나 숨겨져 있는 자전거도 빠르게 찾을 수 있어 따로 보관 시설이 필요하지 않다. 결국 사람들은 개개인이 소유할 때보다 더 많이 자전거를 활용하게 된다. 중국의 모바이크와 오포는 '공유 경제'의 한 예다. 세계적으로는 차량 공유 서비스인 '우버', 숙박 공유 서비스 '에어비앤비Airbnb' 등도 있다. 공유 경제는 2008년 미국 하버드 법대 로렌스 레식Lawrence Lessig 교수가 처음 소개했다. 사전적 정의는 '한 번 생산한 제품을 여럿이 공유해 쓰는 협력 소비를 기본으로 한 경제 시스템'을 뜻한다. 쉽게 말해 특정 재화를 소유하지 않고 여럿이 함께 사용해 효율성을 극대화하는 소비 행태다.

자동차를 소유하면 자신의 차로 장거리 여행을 할 수 있다. 그러나 멀리 갈수록 자동차의 가치와 효용은 떨어지기 마련이다. 그래서 1980~2000년에 태어난 젊은 소비층인 '밀레니얼 세대'는 자동차를 소유하지 않고 필요하면 다른 사람의 것을 이용하는 쪽을 택한다. 자동차를 사용하지 않을 때 당장 자동차가 필요한 다른 사람이 합리적인 비용을 지불하고 사용할 수 있게 하거나(카 셰어링) 해당 자동차의 탑승을 공유하는(라이드 셰어링) 식이다.

이런 공유 경제가 주목받는 이유는 놀고 있는 유휴 자원을 활용해 기존에 없던 부가가치를 만들어내기 때문이다. 자신을 오롯이 소비자로만 생각해온 개인들은 이제 차량과 집 등 자신의 소유물을 시간 단위로 시장에 내다 파는 공급자가 됐다. 여기에는 네트워크와 소프트웨어의 발전에 따라 필요한 정보를 주고받는 플랫폼이 확산한 것도 한몫했다.

결국 공유 경제는 재산권을 더 활용하고, 거래 비용을 더 줄이는 비즈니스 모델로 발전해가고 있다는 의미다. 역사적으로 재산권과 거래의 안정성이 확보됐을 때 시장 경제가 발전했음을 고려하면 공유 경제는 더욱 확산될 전망이다. 물론 논란도 적지 않다. 말만 '공유'로 포장했을 뿐 가진 자를 위한 사업 모델이고, 사실상 플랫폼 사업자의 배만 불리는 것이며, 기존 직업의 안정성을 해치고, 기존

제도의 바깥에 존재해 탈세의 위험이 크다는 비판이 만만찮다. 규제를 피하는 편법적 운영과 관리 부실에 따른 부작용 문제도 지적되고 있다.

그런데 소비자들이 좋아하는 것을 어쩌란 말인가? 뉴욕, 런던에 가서 우버풀이나 리프트Lyft를 경험하고 나면 한국에도 그런 것이 있으면 참 좋겠다고 생각하게 되고, 베이징에서 오포나 모바이크를 타는 모습을 보면 부러움을 느끼게 된다. 소비자들의 선택이 주도한 경제에서 이러한 공유 경제는 더욱더 확산될 것이다. 참여, 개방, 공유로 압축되는 공유 경제의 지향점이 모든 부문에 적용될 수 있는 것도 아니다. 그런데도 경험과 이벤트, 네트워크를 중시하는 소비 시대를 맞이해 공유 경제는 이제 거스를 수 없는 커다란 흐름이 돼버렸다.

공유 경제는 앞으로 제조업의 비즈니스 모델을 '서비스'와 결합한 새로운 형태로 진화시킬 것이다. 중국의 한 디스플레이 업체는 하드웨어만 팔지 않는다. 디스플레이 제품에 미술 작품 전시 서비스를 결합해 예술 작품을 공유하는 서비스를 제공한다. 예술 작가들은 이 플랫폼에 참여해 자신의 이름과 작품을 알리고자 한다. 고객들은 직접 갤러리에 갈 필요 없이 자신의 집에서 디스플레이를 통해 예술 작품을 감상한다. 이들이 맘에 드는 작품을 사러 갤러리를 찾기 때문에 기존 오프라인 갤러리도 결국에는 이득을 본다. 공유 경제는 효율적인 자원 배분 수단이다. 공유 경제는 시장 참여자에게 더 많은 정보와 권한을 주고, 적은 비용으로 보다 많은 제품과 서비스를 사용하게 하면서 비즈니스 모델과 산업 트렌드를 바꾸어나갈 것이다.

봉사 국가 ───○

정부라는 개념 또한 변화해야 할 것이다. 이제 각 나라는 정부라는 이름을 '봉부奉府'[4]로 바꾸는 것을 고려해야 한다. 영어로는 'Government'가 아니라 'Servement(Serve+Management)'가 된다. 한국 헌법에서 공무원이라는 단어가 처음 나오는 곳은 제7조인데, 여기서 헌법은 "공무원은 국민 전체에 대한 봉사자이며, 국민에 대해 책임을 진다"고 선언하고 있다. 그렇다. 민주공화국에서 공무원은 국민 전체에 대한 봉사자다. 다스리는政 사람이 아니라 봉사하는奉 사람이다. 한국 헌법 제1조는 "대한민국은 민주공화국이다. 대한민국의 주권은 국민에게 있고 모든 권력은 국민으로부터 나온다"고 선언하고 있다. 나라의 주권은 국민에게 있고 모든 권력이 국민으로부터 나오므로, 공무원 집단은 국민을 다스리는 정부가 아니라 국민에게 봉사하는 봉부로 그 이름부터 바뀌어야 한다.

한국에서는 정부 3.0을 추진하면서 '공공 정보를 적극 개방·공유하고, 부처 간 칸막이를 없애고 소통·협력함으로써 국정 과제에 대한 추진 동력을 확보하고 국민 맞춤형 서비스를 제공함과 동시에 일자리 창출과 경제를 지원하는 새로운 정부 운영 패러다임'으로 정의하기도 했었다. 많은 나라들이 '열린 정부 파트너십OGP, Open Government Partnership'에 가입해, 정부와 시민 사회의 협력을 기반으로 각국 정부의 투명성 증진, 부패 척결, 시민 참여 활성화, 거버넌스를 위한 신기술 활용을 기치로 열린 정부를 구현하고자 노력하고 있는 것도 사실이다. 다스린다는 의미의 정부라는 이름을 가지고 있으면 열린 정부가 될 수 없다. 다스리는 공무원이 되면, 공공 정보를 개방·공유할 이유가 없다. 다스리는 공무원이 부처 간 칸막이를 없앨 이유도 없다. 소통·협력할 이유가 없는 것이다.

그러나 봉사하는 공무원이 되면 달라진다. 국민에게 봉사하기 위해서는 공공 정보를 적극 개방하고 공유하자는 국민의 요구에 부응해야 한다. 국민은 부처 간에 칸막이를 만들라고 한 적이 없다. 공무원이 봉사하는 사람이 되면 부처 간 칸막이가 저절로 없어지는 프로세스 리엔지니어링이 일어나며, 봉사하는 공무원은 소통·협력을 해야 일하기가 더 쉬워진다. 정부가 이야기하는 국민 맞춤형 서비스는 정부가 선물처럼 주는 것이 아니라 봉부가 의무적으로 해야 하는 일이 되는 것이다.

사물인터넷, 인공지능, 빅데이터 등은 국가와 정부의 인프라와 서비스를 국민 중심으로 바꿀 수 있는 중요한 기술이다. 이런 기술들은 언제나 국민을 위해 봉사할 준비가 돼 있다. 기술은 우리 인간을 확장시키는 도구다. 그런데 이것이 공공 서비스에까지 잘 확장되지 않는 것은 우리 공무원 집단의 이름을 정부라고 지었기 때문은 아닐까? 새로운 헌법을 제정할 기회가 있다면 세계 최초로 봉부를 세울 필요가 있다. 국가는 국민을 다스리는 주체가 아니라 국민을 섬기는 주체이기 때문이다.

빨리 실패하라, 그리고 반복하라 ────○

우리는 스마트폰과 같은 스마트 기기를 가지고 실세계와 스마트하게 소통하는 환경에서 살고 있다. 세계 각국은 과거 첨단 IT 인프라에 언제 어디서나 네트워크에 접속할 수 있는 통신 환경인 유비쿼터스 정보 서비스를 도시 공간에 융합한 유비쿼터스 도시^{u-City} 사업을 통해 대규모 고비용 시스템을 일시에 도입하는 것은 많은 위험과 어려움을 수반한다는 교훈을 얻었다. 이에 우리는 서비스 중심의 개방형 혁신 패러다임에 입각한 개방형 서비스 모델을 적극 검토할 것을 제안한다. 과도한 물리적 인프라나 특정 기업의 솔루션에 집중되거나 모든 서비스를 공공의 자원을 활용해 제공하는 것이 아니라, 기존에 수행되고 있는 서비스를 적극 활용해야 한다. 문화, 관광, 의료, 복지, 교통 등 다양한 분야에서 공공이 직접 모든 서비스를 개발하기보다는 관련 분야에서 서비스를 제공하고 있는 기업들이 자유롭게 참여할 수 있는 장場을 마련함으로써, 시민들에게 수준 높은 서비스를 제공함과 동시에 관련 산업을 활성화시킬 수 있다.

명품은 하루아침에 탄생하지 않는다. 끊임없는 실험과 개선 노력에 의해 탄생한다. 집 앞의 가로등이 고장났을 때 시민이 스마트폰으로 고장 신고를 하는 서비스를 시작할 수 있다. 활용되지 않고 있는 주차 공간, 체육 시설, 회의실 등의 공공 유휴 공간 여부를 실시간으로 파악하고, 이를 시민들이 모바일 애플리케이션을 활용해 이용 신청할 수 있는 서비스를 고려할 수도 있다.

스타트업 사이에서는 "빨리 실패하라, 그리고 반복하라^{Fail fast and}

iterate"라는 문구가 매우 유명하다. 좋은 사회로의 진화를 위해 작은 부분부터 지속적으로 실험하고 개선해나간다면, 시민들은 스마트한 새로운 경험을 하게 될 것이고 이는 시민 서비스의 품질을 향상시킬 것이다.

터치만으로 미래의 소비자와 소통한다

직장인 J씨의 하루 일상을 통해 아주 가까운 미래에 우리가 물건을 사는 모습을 자세히 들여다보자. 지금도 이와 유사한 모습을 우리 주변에서 찾아볼 수 있을지도 모른다.

직장인 J씨는 오늘도 출근 전 아침 식사 준비를 한다. 그는 좋은 남편, 좋은 아버지가 되기 위해 노력 중이다. 냉장고에서 토마토를 꺼내 주스를 만드는 J씨. 그가 냉장고에서 토마토를 꺼내자, 집 안의 스마트 스피커에서 "J님, 토마토가 이제 3개 남았습니다. 지금 주문하지 않으면 내일은 토마토가 부족할 것 같습니다. 지금 바로 주문할까요?"라는 목소리가 들려온다.

J씨는 "응, 그런데 이번 토마토는 맛이 없던데. 다른 토마토 좀 찾아줄래?"라고 말한다. 그러자 스마트 스피커는 "네, 잠시만요. 고당도 토마토가 있네요. 가격은 바로 전에 산 것보다 3000원 비싸지만 구매자들의 평이 좋습니다. 이 토마토로 주문할까요?"라고 말하고, J씨는 "응, 주문해줘"라고 답한다. J씨는 다음 날 아침에 그 토마토를 배송받는다.

출근을 위해 지하철을 기다리는 J씨. 지하철 승강장에는 신형 노트북이 고정 장치와 함께 진열되어 있다. 구매를 고려하고 있던 J씨는 진열된 노트북을 실제로 사용해보고, 무게를 알아보기 위해 들어보기도 한다. 그리고 자세한 정보를 얻기 위해 노트북 옆의 스마트 버튼을 누르자, J씨의 스마트폰에 노트북에 대한 정보가 나타난다. 때마침 지하철이 도착하자 J씨는 지하철에 탑승한 뒤 계속해서 노트북 정보를 확인한다. 진열되어 있던 노트북이 자신이 원하는 사양을 만족시키는 것을 확인한 J씨는 디자인이나 무게감도 마음에 들어 바로 가격 비교를 한 뒤 최저가로 구매한다. 이 구매를 통해 노트북을 진열한 사업자는 중개 수수료를 받는다.

점심시간 동료들과 식사를 하기 위해 회사 주변의 식당을 방문한 J씨는 오늘 동료들에게 밥을 사기로 한다. 얼마 전 승진을 했기 때문이다. 동료들과 맛있게 식사를 한 J씨는 식당 테이블 위의 전자 태그를 자신의 스마트폰으로 터치한다. 그러자 계산 금액과 식당의 결제 정보가 나타난다. J씨는 계산 금액을 확인하고, 승인 버튼을 누른다. 예전에는 자신의 신용카드를 식당에 건네줘야 했지만 최근 사용자 중심 결제를 할 수 있는 곳이 많아지면서 J씨가 식당의 정보를 받아 결제하기 때문에 테이블 결제가 가능하고 마음이 편하다. 특히 주유소에서 신용카드를 건넬 때마다 뉴스에서 보았던 카드 복제 사건이 떠올랐는데, 요즘은 내가 주유소의 결제 정보를 받아 지불하기 때문에 그런 걱정이 사라졌다.

점심 식사 도중 J씨의 동료 Y씨는 중고차를 구매하려고 하는데 어떤 차를 사야할지 모르겠다는 이야기를 꺼낸다. 운전 초보이기 때문에 3년 정도만 사용할 자동차를 구하고 있다는 것이었다. J씨는 자신이 얼마 전에 차량을 판매한 중고차 판매 서비스를 알려준다. 이전과 달라진 점이 있다면 이전에는 실제 차량을 보기 위해 중고차 시장을 방문해야 했고 전문가가 아니면 중고차 거래에서 사기를 당하기 쉬웠지만, 요즘은 중고차 거래 시에 해당 중고차의 디지털 트윈Digital Twin을 확인할 수 있기 때문에 차량의 정확한 상태를 알아볼 수 있다. 계약도 인공지능 기반의 법률 에이전트가 표준 계약서를 제공하기 때문에 개인 간의 직거래가 늘고 있고, 그에 따라 거래 중개인이 점차 줄어드는 추세다. 더구나 나의 예상 운행 정보, 예를 들어 하루 운행 시간이 얼마나 되는지, 다니는 도로가 시내인지 고속도로인지 등의 데이터를 입력하면, 디지털 트윈 기반 시뮬레이션을 통해 중고차 구매 후 3년 동안 예상되는 차량 수리비, 주유비 등도 계산해준다. Y씨는 마음에 드는 차량 몇 대를 선정한 후 시뮬레이션을 해본다. 차량 가격은 자동차 A가 가장 저렴했지만, 시뮬레이션 결과 3년 동안 차를 이용하기 위한 유지 비용까지 고려했을 때는 자동차 B가 가장 저렴한 것으로 나타났다. Y씨는 자동차 B를 구매하기 위해 거래 사이트를 통해 자동차 B의 소유주에게 연락을 한다.

오후 근무 시간 중 파트너사와의 미팅을 위해 회사 앞 카페를 찾은 J씨. 파트너사의 K씨는 벌써 10년째 공동 사업을 하고 있는 사람이다. 얼마 전 동생이 취업을 해서 가방을 선물하려고 생각하고 있었던 K씨는 J씨가 들고 나온 가방을 보고 이렇게 묻는다. "J씨, 그 가방 어느 브랜드 거예요? 비싼가요?" J씨는 웃으며 가방에 부착된 전자 태그를 보여준다. K씨가 자신의 스마트폰으로 전자 태그를 터치하자 J씨의 가방과 관련된 정보가 나타난다. 그런데 J씨의 가방은 너무 고가다. K씨가 스마트폰 화면 하단의 '연관 상품 보기'라는 버튼을 누르자 J씨의 가방과 비슷한 디자인의 상품들이 보인다. K씨는 J씨의 가방 디자인과 비슷하면서 가격도 합리적인 상품을 선택해 동생에게 선물하기로 한다. K씨가 가방을 구매하면 J씨는 거래 수수료를 받게 되기 때문에 오늘 커피는 J씨가 사기로 한다.

퇴근길에 J씨는 부모님에게 선물할 영양제를 사기 위해 회사 앞의 무인 약국에 들른다. 진열되어 있는 여러 상품들을 둘러보던 J씨는 도무지 어떤 것을 사야 될지 모르겠다. 고민하던 J씨는 진열대 옆의 스마트 버튼을 누른다. 그러자 J씨의 스마트폰 화면에 카드봇 상담창이 나타난다. 카드봇이 던진 몇 가지 질문에 답한 J씨에게 추천 영양제 리스트가 제시되었는데, 그래도 J씨는 결정을 하지 못한다. 이때 스마트폰 화면의 '직접 상담' 버튼을 누르자 무인 약국 내에 있던 이동 스크린이 J씨에게로 다가온다. 그리고 화면에 약사의 모습이 나타난다. J씨는 이동 스크린을 통해 약사와 원격 상담을 하고, 부모님께 드릴 영양제를 구매한다. 이 구매 역시 J씨의 스마트폰에서 이루어진다.

집에 돌아가기 위해 지하철에 탄 J씨는 스마트폰의 스마트 가계부를 연다. 스마트 가계부에는 오늘 J씨가 사용한 금액이 자동으로 정리되어 있고, 할인 등 제공받은 혜택들도 함께 정리되어 있다. 그리고 다음 달 예상 신용카드 결제 금액 등과 함께 이번 달에 J씨가 얼마나 더 소비할 수 있는지 등에 관한 카운셀링 정보도 제공된다. 스마트 가계부가 제공하는 카운셀링 정보는 새로운 인공지능 기술이 적용된 이후부터 꽤 정확하고 유용하다. 지난달에도 스마트 가계부 카운셀링을 따랐더니, 예상보다 많은 돈을 저축할 수 있었다. 그때 지하철 안의 스크린에서는 북한 지역에 새롭게 고속 철도를 연결하는 사업의 국채 ICO 광고가 나온다. 북한 지역에 새로운 인프라를 확충하는 일이 한창인데, 요즘은 블록체인을 통해 국채를 발행한다. 스마트 가계부의 카운셀링에 따라 이번 달 가계에 여유가 있는 J씨는 고속 철도 국채에 투자하기로 한다. 그리고 스마트폰의 '더 모멘트' 애플리케이션을 열고 '지금 이 순간' 버튼을 누르자, 지하철 내의 스마트 서비스 리스트가 나타난다. 리스트 중 '지하철 스마트 광고'를 선택하자, 국채 ICO에 대한 정보가 나온다.

집에 돌아온 J씨는 휴식을 취하기 위해 TV를 시청한다. 요즘 J씨는 스마트 글라스를 착용하고 TV를 시청하는데 TV를 보다가 "저거!"라고 말하면 해당 장면이 J씨의 개인 미디어 클라우드에 저장된다. 개인 미디어 클라우드에서는 해당 장면과 해당 장면에 나오는 상품 정보가 함께 제공된다. 멋진 옷을 입고 있는 배우가 나오는 장면에서는 그 옷에 대한 정보가, 멋진 풍경이 나오는 장면에서는 그 장소나 유사한 곳의 여행 상품이 제공되는 것이다. TV를 보던 중 어느 배우가 착용한 목걸이가 본 J씨는 "저거!"라고 말한다. 얼마 후 있을 부인의 생일 선물을 고민하던 J씨의 눈에 목걸이가 띈 것이다. TV 시청을 마친 후 개인 미디어 클라우드에 접속한 J씨는 목걸이의 상세 정보를 확인하고 주문을 완료한다. 이 주문으로 방송사와 방송사의 클라우드에 상품 정보를 입력한 사람은 거래 수수료를 받는다. 최근 방송사는 방송 콘텐츠의 메타 정보를 회사 내부에서 입력하는 것이 아니라 개방형으로 누구나 입력할 수 있도록 하고 있다. 그래서 많은 사람들이 부업으로 이 일에 참여한다. '콘텐츠 메타 정보 입력가'라는 새로운 일자리가 생긴 것이다.

먹고 놀고 즐김의 가치가 달라진다

다가올 미래 사회의 놀이는 어떻게 변하게 될까? 우리는 상상이 현실이 되는 미래에서는 더 많은 소통과 지능성이 놀이에 어떤 변화를 가져올지 조망해보고자 한다.

E양은 아침에 음악을 들으며 일어난다. 처음 듣는 음악으로, 인공지능 작곡 시스템이 작곡했다. E양은 이 음악의 저작권을 사고 싶어져 문의를 해본다. 저작권을 살 수 있다는 안내가 나오자 E양은 이 저작권의 일부를 구입한다. 그리고 친구들과 공유하고 친구들은 E양이 저작권을 소유한 이 음악을 소비하면서 같이 즐거워한다. E양은 이번에는 스스로 음악을 작곡해보고 싶다. 자신이 좋아하는 단어

들을 작곡 시스템에 말로 입력한다. 작곡 시스템은 그 가사와 단어에 맞는 곡을 만들어낸다. E양은 생성된 가사들을 적절히 수정한다. 그리고 그 곡과 가사에 맞춰 노래를 부른다. 멋지게 다듬어진 하나의 노래가 완성된 것이다. E양은 자신이 창작한 노래를 사람들에게 들려준다.

N군은 최근에 여자친구와 헤어졌다. 상심한 N군은 공원을 산책하다 E양이 지나가는 것을 보고 호감을 갖지만 직접 말을 걸지는 않는다. N군은 그녀가 있는 곳을 지도에서 찾아낸 후 메시지를 보내본다. E양은 메시지를 받고 N군을 만나기로 결정한다. 둘은 불과 1분만에 만나서 같이 걷는다. 둘은 바닷가로 깜짝 드라이브를 가기로한다. AI-택을 부르니 무인 자율 주행 운전 자동차가 5분 내에 도착한다. 차에 타서 편안하게 누우니 차 천장이 거대한 스크린으로 바뀐다. 최신 영화를 3D와 VR로 감상한다. 1시간 걸려 바닷가에 도착한 둘은 모래사장을 거닌다. 차에 있던 미니 드론이 따라와서 둘의 모습을 영상으로 담고, 간간히 다른 풍경들도 담는다. 바닷가에서 돌아오는 길에 둘은 편집된 동영상을 다른 AI-택 차량의 천장 스크린으로 감상한다. 동영상은 둘의 스마트폰과 클라우드에 저장된다. 동영상 중에 마음에 드는 장면들은 인공지능 시스템이 멋진 그림으로 만들어서 보여준다. 둘은 그 그림들도 공유한다. 바닷가에서 둘이 있던 모습을 드론이 3차원으로 스캐닝했고, 둘이 돌아오는 동안 이를 3D 프린터가 인쇄해 차로 바로 배송한다.

오늘밤 색다른 모습으로 변신하고 싶은 J양은 얼굴에 쓸 수 있는 간단한 마스크를 스마트폰을 통해 디자인한 후 주문한다. 15분 만에 제작된 마스크가 배송된다. 이 얇은 마스크를 쓰니 마치 성형한 것처럼 너무나 다른 모습이 되었고 아무도 그녀를 알아보지 못한다. J양은 스마트 워치 애플리케이션을 열어 세렌디피티 버튼을 누른다. 이 애플리케이션은 장소를 안내하는데, 자동차로 10분 거리에서 곧 번개 파티가 열릴 것이라고 한다. J양은 애플리케이션을 이용해 AI-택을 부르고, 해당 장소로 이동한다. J양은 이동하는 차 안에서 지금 입고 있는 옷도 다른 옷으로 바꿔 입고 싶은 생각이 든다. 차 안에 있는 스마트 버튼을 눌러 애플리케이션을 불러내자 카메라가 J양을 찍고, 어울릴 만한 옷을 추천한다. J양은 파티 장소에 도착해 사람들과 인사하다가 곧이어 배송된 옷으로 갈아입는다. 오늘 파티에는 브라질 리우 가상현실 체험 시간이 준비되어 있다. 파티에 도착한 30명은 같이 VR 안경을 쓰고 리우로 환상 여행을 떠난다. VR 여행 과정에서 서로의 프로필을 교환하면서 굳이 말로 하지 않아도 자신에 대해서 간단히 소개하는 기회를 갖는다. 20분 만에 이들은 리우의 중요한 장소를 같이 경험했고, 서로에 대해 알게 되었다. J양은 조금 전부터 사용하기 시작한 마스크 얼굴로 자신의 프로필을 다 바꿔놓은 상태라 사람들이 J양의 원래 얼굴은 알지 못한다. J양은 재미있어 하며 웃는다.

파티에 온 사람들의 국적은 다양하다. 그들은 다 영어를 할 줄 알지만 때로는 그냥 모국어로 이야기한다. 사실은 거의 모든 사람들이 눈에는 잘 보이지 않지만 스마트 이어버드를 귀에 끼고 있다. 그것이 다른 사람들의 말을 동시통역해서 들려준다. 완벽한 통역은 아니지만 그래도 유용하다. 다들 조금씩은 이러한 통역기를 활용해서 더 많은 소통을 한다. 안경을 쓴 사람들은 스마트 글라스일 가능성이 많고, 안경을 안 쓴 사람들 중에서도 스마트 렌즈를 낀 사람이 있을 수 있다.

다른 사람과 이야기할 때 상대방이 동의한 경우, 상대방의 프로필이 스마트 글라스나 스마트 렌즈를 통해 조금씩 소개된다. 이러한 소개는 사람들 간의 대화를 이어주는 촉진제가 된다. 어떤 사람은 최근에 다녀온 여행 사진을 통해서, 어떤 사람은 최근에 졸업한 학교 졸업식 사진을 통해서 서로에게 이야깃거리를 제공한다. 이렇게 대화를 하는 도중에 스마트 워치의 '좋아요' 버튼을 살짝 눌러주면서 서로에게 호감을 전달하기도 한다. '좋아요' 버튼을 누르면, 스마트 글라스나 스마트 렌즈 애플리케이션이 누른 사람이 있는 방향을 안내해 그 사람 쪽으로 시선을 돌리도록 한다. 서로의 호감도를 확인한 사람들은 자연스럽게 모이게 되고, 조금은 덜 부끄럽게 서로에게 접근할 수 있다.

J양은 오늘 많은 사람들을 만났다. 그런데 나중에 알게 된 사실이지만, 그 모임에 온 남녀 중 절반 이상이 마스크를 착용했다. 어차피 이제 외모나 미모는 중요하지 않다. 매일매일 바꿀 수 있는데, 내 원래 얼굴이라는 것이 뭐 그리 중요하단 말인가. 스마트 글라스나 스마트 렌즈 애플리케이션으로 허락 없이 사진을 찍는 것을 불법이다. 그러나 사람들은 조금씩 그렇게 한다. 할 수 없이 사람들은 언제부

터인가 다들 마스크를 쓰고 변신한다. 이제 사람을 얼굴로 인식하는 시대는 지났다.

파티에서 많은 사람들은 만나 조금 피곤해진 J양은 휴식을 취할 겸 AI-택 1인용을 부르고, 가까운 거리에 있는 바닷가를 목적지로 선택한다. J양이 차 안에서 푹 자는 동안 차는 J양을 1시간 만에 바닷가의 멋진 장소로 안내한다. 1시간 정도 자고 나니, 몸도 회복되는 느낌이다. 바닷가를 거닐면서 스마트 글라스의 애플리케이션을 여니, 바닷가를 바라보는 자신의 시선이 옮겨질 때마다 그곳에 대한 음성 안내가 나온다. 저기 멀리에는 벌써 연인이 된 듯한 남녀가 즐거운 시간을 보내고 있다. 드론이 그들을 조용히 쫓아다니면서 사진을 찍고 있는 것이 보인다. J양은 근처의 드론을 부르기로 했다. 조금 있으니 드론이 자신의 뒷모습, 앞모습, 옆모습 할 것 없이 사진을 찍어 스마트 워치로 보내준다. J양은 맘에 드는 것을 골라 저장하고, 소셜미디어에 공유한다.

우연인지, 의도된 것인지는 모르나 J양은 작은 갤러리를 발견한다. 그 갤러리에서 무슨 전시를 하는지 미리 스마트 글라스를 통해 알아보니, 자신이 좋아하는 작가의 전시다. J양은 갤러리로 가서 작품을 감상하고, 옆의 스마트 버튼을 눌러 작품에 대해 더 깊이 알아본다. 이곳을 방문한 다른 사람들의 감상평도 볼 수 있어서 좋다. 이들 중에는 자신을 소셜미디어에 공개한 사람들도 있어서 작품을 통해 새로운 사람들을 알게 되고, 몇몇은 지금 근처에 있다는 사실도 알게 된다. 이 작가의 판화 작품은 지금 그룹 경매 서비스에서 판매

중이다. 10개의 프린트를 한정 판매하고 있는데, 최고 가격이 10만 원, 최저 가격이 5000원으로 책정되어 있고, 30분 후 마감이다. 워낙 이 작가를 좋아하는 터라, 8만 원에 입찰해본다. 30분 후 입찰 결과 가 공지되었는데, 5만 원에 낙찰되었다. J양은 오늘 득템을 한 것 같 아 신이 났다.

J양은 이제 허기가 느껴져 바닷가 작은 횟집에서 간단히 식사를 한다. 음식이 너무 맛있어서 한 달에 한 번은 음식을 배송받기로 저 렴한 가격에 계약한다. 음식의 배송지는 그때그때 다르다. 4시간 전 에만 주문하면 받아볼 수 있다고 한다.

J양은 집에 가기가 싫어졌다. 그래서 스마트 에어비앤비를 통 해 오늘 저녁 자신의 집에 누군가가 숙박 가능하게 내놓는다. 스마 트 에어비앤비는 집청소 O2O 서비스를 활용해 J양의 집을 청소한 다. 청소해준 사람은 근처 50미터 거리에 살고 있는 어떤 할머니다. 할머니는 용돈을 벌어 기뻐한다. J양은 스마트 워치를 통해 오늘 자고 싶은 집을 찾아본다. 집이 정해지면 어차피 AI-택이 그곳으 로 데려다줄 것이기 때문에 위치는 그리 중요하지 않다. 그곳에 어 떤 이벤트가 있고, 어떤 사람들이 있고, 손으로 만질 수 있는 무엇이 있는지가 중요하다. J양은 어렵사리 숙박할 집을 구했다. 집과 연동 된 AI-택 서비스를 통해 벌써 차가 출발했고, 5분 후면 도착한다고 한다.

그곳으로 가는 데 걸리는 시간은 2시간이나 되지만 그것은 별로 중요하지 않다. 차에서 J양은 간만에 책을 읽고 싶다. 차에 누우니 천장에 밀란 쿤데라의 『참을 수 없는 존재의 가벼움』이라는 책이 펼쳐진다. 글씨도 있지만 내레이션을 선택하니 좋은 목소리로 책을 읽어준다. 남자친구 Y군의 목소리로 읽어주는 것을 선택하자 100퍼센트는 아니지만 Y군과 비슷한 특징을 가진 목소리로 읽어준다. 책을 듣던 중 내용을 확인하고 싶어 북블루 서비스를 불러 질문을 던진다.

"토마시의 직업이 뭐지? 북블루?" 북블루는 "의사입니다"라고 대답한다. "북블루! 내게 질문해봐." 북블루는 묻는다. "그럼 프란츠의 직업은 뭐죠?" J양이 대답한다. "나를 너무 무시하네. 대학교수지." 북블루는 대답한다. "죄송합니다. 제게 쉬운 것을 물으셔서, 저도 그렇게 한 것뿐이에요." 북블루가 정말 이해하고 대답하는 것인지 아닌지 헷갈린다. 그래도 유용하다. 책을 읽기 싫어하는 J양은 남자친구의 목소리로 책을 읽어주는 이 서비스를 통해 그래도 꽤 읽게 되었다. 거기다가 북블루가 책을 제대로 읽었는지 적절히 질문해주니까, 내용을 구석구석 확인해가면서 읽을 수 있다. 독서지도사가 있는 것이나 마찬가지다. J양은 요즘 애들은 공부하기 쉽겠다고 생각한다.

P양은 요즘 무용을 배운다. 소셜 댄스 클럽에 들어갔는데 거기에는 사람 강사도 있지만 로봇 강사도 있다. 처음에는 선생님이 가르치는 대로 하다가, 파트너가 모자라면 로봇의 손을 잡고 춤을 춘다. 신기하게도 이 로봇은 음악에 따라 살사, 자이브, 왈츠 등 자유자재로 춤을 춘다. P양의 무용 실력에 맞춰 처음엔 쉬운 동작을 하지만,

배워갈수록 조금씩 어려운 동작으로 유도한다. 배울 때는 이 로봇이 꽤 유용하다. 로봇은 지치지도 않고 수강생들과 춤을 춘다. P양은 이제 살사의 기초를 마스터했다. 자주 가는 살사 바에도 무용 로봇이 있다. 살사 바의 새로운 수익 모델이다. 사람과 춤을 추면 말을 나누고 감정을 교류할 수 있어서 좋고, 로봇과 춤을 추면 제대로 나를 리드하고 정확한 동작을 배울 수 있어서 좋다. 많은 강습소에 로봇이 있다. 요리 강습소에도 선생님이 있지만 실습을 도와주는 것은 로봇의 몫이다. 로봇이 앞에서 요리 선생님이 정해놓은 레시피에 따라 조리법을 알려주면 P양은 따라하면서 배운다. 놓친 부분이 있으면 전 단계로 돌아갈 수 있어서 매우 편리하다.

새로운 소통,
모든 것이 달라진다

인공지능 방법론 중에 가장 각광받고 있는 딥러닝은 어떤 프로젝트를 시작할 때 성공한다는 보장이 없다. 토론토대학에서 딥러닝의 아버지 제프리 힌턴Geoffrey Hinton과 같이 연구하는 벡터연구소Vector Institute의 데이비드 듀브노드David Duvenaud는《MIT테크놀로지리뷰MIT Technology Review》와의 인터뷰에서 현재의 딥러닝이 물리학이 발전하기 전의 엔지니어링과 비슷하다고 말한다.

"누군가 논문으로 이런 내용을 발표합니다. '이런 다리를 만들어 봤는데 작동하는군요!' 다른 논문은 이런 내용입니다. '이 다리는 무너졌어요. 하지만 기둥을 추가하니까 서 있군요.' 이제 기둥이 유행

합니다. 그러다 누군가 아치를 만들어내고는 '아치는 끝내줘요!'라고 말하고 있습니다. 물리학이 등장한 뒤에야 우리는 어떤 것이 가능하고 왜 가능한지를 알게 되었습니다."[1]

그렇다. 딥러닝은 아직 안정된 과학에 기반하고 있지 못하다. 어떤 문제를 딥러닝으로 풀고자 할 때, 그 문제가 확실히 풀린다거나 안 풀린다고 확신하기 어렵다. 제조 회사에서 불량품의 자동 분류를 딥러닝으로 풀고자 할 때, 문제를 만족할 수준까지 풀 수 있을지 확신하기 어렵다. 일단 해보는 수밖에 없다. 어떤 환경에서의 상황을 소리로 구분하는 딥러닝 시스템을 개발하고자 할 때, 어느 정도까지 데이터를 모아야 가능한지 미리 알기 어렵다. 충분한 데이터가 모이지 않아서 못하는 것인지, 아직 이 문제를 딥러닝이 푸는 것 자체가 불가능한 것인지 알 수가 없다. 그저 될 때까지 해보아야 하는 것이다.

위의 듀브노드의 인터뷰를 실은 《MIT 테크놀로지 리뷰》는 이렇게 쓰고 있다. "딥러닝의 새로운 응용을 찾을 때마다 딥러닝의 새로운 한계도 알게 된다. 자율주행 자동차는 처음 접하는 상황을 처리하지 못한다. AI는 일반 상식이 필요한 문장을 분석하지 못한다. 딥러닝은 어떤 면에서는 인간의 뇌를 흉내낼지 모르나 피상적으로만 그렇다. 그 때문에 딥러닝을 이용한 AI가 종종 피상적으로만 작동하는 것이다."

개인과 조직은 이렇게 계속 발전하는 딥러닝 등 인공지능과 사물 인터넷에 관한 프로젝트를 어떻게 추진해야 할까?

먼저 내재 역량을 구축하면서 중장기적으로 추진하자. 외부 기업에만 의존하면서 단기적 성과를 기대해서는 안 된다. 그러면 외부 기업과 팀을 이루어 일하는 내부 조직은 조급해지고, 단기간에 개발된 시스템이 최고임을 조직에 역설할 수밖에 없는 입장이 되는 것을 여러 번 목격한 바 있다. 그때마다 나는 이렇게 반문한다. "제한된 시간 안에 제한된 인력이 개발한 시스템이 그렇게 최고일 리가 없잖아요?"[2]

현재의 시스템을 최고라 여기며 외부에서 들어오는 문을 닫기보다는, 내부 인원의 자발적 연구개발을 독려하고 외부의 연구개발 노력을 흡수해서 새로운 모델의 원활한 도입을 통해 계속적으로 성과와 품질을 향상시키는 건강한 개방 경쟁 플랫폼을 구축해야 한다. 새로운 후보 모델이 계속 개발되고, 기존 모델이 교체되는 체제를 구축해야 한다. 이를 위해서는 내부 인원들에 대한 교육을 통해 지속적으로 모델 개선안을 도출할 수 있는 역량을 구축해야 하고, 외부 제안이 있을 때 원활하게 데이터를 공유하면서 성과를 테스트하고, 그에 따른 보상이 가능하도록 인센티브 시스템을 개발해야 한다.

이는 야구단 경영과 비슷하다. 야구단장이나 감독이라면 새로운 시즌을 어떻게 준비하겠는가? 선발 투수(모델)만이 아닌 불펜 투수(모델)를 운용하고, 후보 및 신인 투수(모델)가 계속 공급될 수 있도록 현업과 직결된 팀과 별도로 지속적인 모델 수립 및 검토를 진행하는 모델 팀을 운영할 것이다. 또한 원활한 후보 모델 도입을 위해 시스템을 모듈화하고 여러 기법을 조화시키는 방법론을 활용할 것이다.

수백 년이 넘는 역사를 자랑하는 야구는 앞으로도 계속될 것이다. 새로운 비즈니스 모델을 만들고 실천하는 작업도 마찬가지다. 작년 시즌보다 더 나은 야구단을 만들기 위해서 노력하는 것처럼 계속 더 나은 시스템을 만들어나가기 위해 매 시즌 노력하고 준비하는 것이다.

집을 떠나자 ———o

공저자 중 한 명의 고등학교 동기는 아래한글 소프트웨어를 만든 공동 창업자다. 대학의 동기는 싸이월드의 창업자이자 초대 대표이사였고, 학과는 달랐지만 같은 수업을 수강했던 석사 과정 동기는 네이버를 창업했다. 이른바 인터넷 시대 제3차 산업혁명을 이끈 세대다. 그러나 이들이 만들어낸 제품, 서비스, 회사의 운명은 현재 서로 다른 모습을 보여주고 있다.[3]

아래한글은 어떤가? 한국의 정부 관련 부처가 주로 이 소프트웨어를 사용한다. 그러나 이 소프트웨어는 계속 위축되어가고 있는 상황이다. 왜 그럴까? 전 세계의 많은 사람들이 마이크로소프트인 워드를 쓰기 때문이다. 아래한글은 창업 당시에는 획기적인 소프트웨어였다. 그러나 이름 자체에서 알 수 있듯이 한글에만 특화된 소프트웨어였다. 전 세계 사람들을 상대로 설계된 것이 아니다. 아마도 한국 사람들이라는 틈새시장을 목표로 하면 영속적인 사업을 할 수 있으리라 믿었을 것이다. 그러나 세상은 점점 더 촘촘한 네트워크로 연결되고 있다. 한국 사람들은 아래한글 소프트웨어를 사랑했지만 다른 나라 사람들은 그렇지 않기에, 다른 나라 사람들도 볼 수 있는 문서를 작성하려면 한국 사람들도 아래한글만 고집할 수 없게 된 것이다.

싸이월드는 어떤가? 이는 세계 인터넷 업계와 학계에서도 인정하는 세계 최초의 소셜미디어 서비스다. 대부분의 한국 인터넷 서비스가 미국의 것을 베낀 것이라면, 한국의 싸이월드는 반대로 미국의 마이스페이스와 페이스북의 원조 격이다. 한때 싸이월드는 미국, 중국, 일본, 독일에 진출하기도 했다. 그러나 지금 SK커뮤니케이션즈는 상장 폐지 상태이고, SK그룹에서는 싸이월드를 매각한 상태다. 세계 최초로 성공한 소셜미디어 서비스였던 싸이월드는 세계 진출을 시도했으나 실패하고 한국으로 쫓겨 들어왔다. 한국으로 돌아오면 한국을 지킬 수 있을 거라고 생각했는지 모르지만 미국의 페이스북, 인스타그램에 밀리고 있다.

작가 장정일은 유진 오닐Eugene O'Neill의 『느릅나무 아래 욕망Desire Under the Elms』과 『지평선 너머Beyond the Horizon』, 테네시 윌리엄스Tennessee Williams의 『뜨거운 양철 지붕 위의 고양이Cat on a Hot Thin Roof』, 스콧 피츠제럴드Scott Fitzgerald의 『위대한 개츠비The Great Gatsby』, 로버

트 제임스 월러Robert James Waller의 『매디슨 카운티의 다리The Bridges of Madison County』 등을 인용하면서 "집을 떠나는 자 살고, 집을 짓거나 거기 안주하는 자는 죽는다" 또는 "용기 있게 집을 떨치고 나가면 성공하게 되고, 집에 남아 어정대면 죽거나 죄를 짓게 된다"는 미국 문학의 공식을 하나 발견했다고 설명한다.

네이버는 이러한 공식을 이미 알고 있었는지도 모르겠다. 다음을 제치고 한국의 인터넷 기업 1위로 올라서자마자 중국의 1위 게임 포털 아워게임을 인수하면서 중국에 진출한다. 그러나 결과는 참담한 실패로 끝났다. 인수 업체의 CEO를 한국인이 맡고, 그 한국인은 중국인 개발자들과 동시통역으로 일하는 상황이 연출되었으니 성공할 리가 없었다. 이후 네이버는 일본에 조용히 진출해 라인주식회사를 세운다. 일본인 CEO와 일본인 임원들 그리고 일본인 개발, 기획, 디자이너들로 구성된 일본 회사였다. 라인이 나스닥에 상장되었을 때야 비로소 일본인들은 그 회사가 한국인이 세운 일본 회사라는 것을 알게 되었다. 스톡옵션을 행사하게 된 사람들이 대부분 네 글자가 아닌 세 글자 이름을 가진 한국인이었던 것이다.

네이버는 계속해서 다른 지역으로의 진출을 꾀하고 있다. 소통의 세상에서 고립은 죽음이다. 소통의 세상에서 생존하고 성공하는 방법은 용기 있게 집을 떨치고 나가는 것이다. 집에 남아 어정대면 죽거나 죄를 짓게 된다. 이것이 소통의 세상에서의 생존법이다.

우리는 글로벌의 의미를 더 이상 우리 제품의 생산 기지나 소비 시장으로 단순하게만 봐서는 안 된다. 글로벌 소비자의 행동과 글로벌 시민의 반응이 서로 긴밀하게 상호작용하는 과정에서 어떤 미디어와 비즈니스 플랫폼을 독창적으로 구축할 수 있을 것인가 하는 관점으로 전환해야 할 것이다.

추격의 추억을 버리자

삼성전자는 2014년 8월 미국 기업 스마트싱스SmartThings(약 2000억 원 규모), 2015년 2월 루프페이(약 2700억 원 규모), 2016년 10월 비브랩스Viv Labs(약 2400억 원 규모)를 인수했다.[4] 스마트싱스의 인수는 스마트홈 허브 서비스를, 루프페이 인수는 스마트 결제 서비스를, 비브랩스 인수는 인공지능 비서 서비스를 위한 것이었다. 그런데 인수 후 상황은 그리 밝지 않다. 비브랩스를 통해서 출시한 인공지능 비서 서비스 '빅스비'는 잦은 오류와 서비스 지연 등의 문제가 있었고, 루프페이를 통해서 출시한 '삼성 페이' 결제 서비스 사업은 그 자체로는 부진한 상태다. 스마트싱스도 구글의 네스트나 토론토 소재 기업 에코비Ecobee 등에 비하면 스마트홈 시장에서 매우 부진한 상황이다.

이제는 왜 이렇게 되었는가를 짚어볼 때다. 여러 관점에서 볼 수 있겠지만, 우리는 위의 세 가지 사업 모두 고객 중심의 혁신 결과가 아닌 선도 사업자에 대한 추격의 결과라는 점에 주목한다. 스마트싱스 인수는 구글이 2014년 1월 스마트 온도 조절기 기업 네스트를 인수하자 이에 대응한 결과다. 루프페이 인수는 2014년 9월에 발표된 애플 페이를, 비브랩스의 인수는 2014년 11월 아마존이 음성 인식 스피커 에코를 출시하고 2016년 3월 알파고가 이세돌 9단을 이기면서 불게 된 인공지능 붐에 따른 것이다.

세 사례 모두 추격의 결과가 좋지 않다. 추격은 선두 주자가 옳은 방향으로 가고 있을 때만 그 의미가 있다. 애플 페이는 방향을 잘못 잡았기에 여전히 부진하다. 선두 주자가 나타났다고 해서 그저 추격하는 것은 바보 같은 일이다. 또한 추격은 선두 주자의 전략과 동기, 내재 역량을 파악하지 못한 채, 겉모습만을 따라 하게 될 가능성이 있기 때문에 위험하다는 연구 결과도 있다. 아마존의 인공지능 스피커 에코는 파이어 TV 서비스에 주요 기능으로 적용되었던 음성 인식 리모컨 서비스를 확장한 결과다. 애초에 인공지능 서비스를 하기 위한 것이 아니라, 기존의 버튼식 리모컨에 사용자 편의를 위해 음성 인식 기능을 넣은 것이고, 사용자 인터페이스가 음성 인식으로 옮겨갈 것이라는 전망하에 선도적으로 음성 인식 스피커 에코를 내놓은 것인데, 아마존 에코 추격자들은 허둥지둥 인공지능 스피커를 출시했다. 그 이전에 사용자 편의를 위해 어떤 노력을 했는지 그 흔적을 찾기 힘든 것이 사실이다.

이제 기업들은 추격의 추억에서 벗어나야 한다. 제조만 할 때는 선도 기업의 제품을 뜯어보고 역공학Reverse Engineering을 통해 그 성능을 추격할 수 있었다. 그러나 우리가 앞서 이야기했던 바와 같이 이제는 제품이 서비스와 결합되는 시대다. 서비스는 역공학을 하기가 어렵다. 서비스는 네트워크와 알고리듬, 그리고 데이터와 결합되어 있다. 또한 이러한 스마트 제품은 제품 경쟁이 아니라 제품군 경쟁이 되고, 제품 성능 경쟁이 아니라 서비스 네트워크 규모 경쟁이 되기 때문에 고객 중심의 혁신을 통한 선도 전략이 추격 전략보다 훨씬 유리하다. 아마존은 1994년 창업 이래 계속 선도적으로 뛰는 전략을 통해서 매출과 기업 가치를 키워나가고 있다.

연구개발 사업도 추격의 추억에서 벗어나야 한다. 연구개발 제안서를 작성하다 보면, 연구개발 목표에 세계 최고 수준의 성능을 적시하게 되어 있고, 이를 언제까지 따라 잡을 것인지 쓰는 칸이 꼭 포함되어 있다. 이러한 구조는 세계에 아직 없는 것을 제일 처음 하겠다는 연구 집단은 정부의 연구개발 지원을 받기가 어렵고, 추격하겠다고 하면 지원을 받기가 더 수월하게 만든다. 민간의 벤처 투자 부문도 마찬가지다. 미국, 일본, 중국, 유럽에 있는 비즈니스 모델을 따라 만들겠다고 하면 상대적으로 쉽게 투자를 받을 수 있다. 그러나 미국, 일본, 중국, 유럽에 없는 세계 최초의 모델과 기술, 제품을 만들겠다고 하면 평가해줄 사람이 많지 않다.

독창성으로, 창조적으로 경쟁하자 ———○

새로운 소통과 확장의 시대에는 0을 1로 바꾸는 오리지널한 것, 즉 독창적인 것들만이 우위를 갖게 된다. 더구나 글로벌로 연결되어 소통하는 세계에서는 다른 나라의 비즈니스 모델을 따라 하는 것은 성공 확률이 낮다. 독창적인 것들, 글로벌 지식재산권으로 보호된 것들 혹은 보호되지 않았더라도 독창적인 비즈니스 모델과 아이디어에 기반한 기업과 프로젝트들을 적극 육성해야 한다. 국외 사례가 있느냐고 묻지 마라. 있으면 그 사례에 진다. 바깥에서 베껴와서 작은 국내 시장을 레드오션화하는 기업은 글로벌로 갈 수가 없다. 투자가와 정책가들은 독창적인 것을 알아보는 심미안과 실력, 세계관, 역사관을 갖추어야 한다. 독창적일수록 잠재성이 커서 발이 크다. 큰 발에 맞지 않는 작은 신발을 신기면 그 발은 통증을 느끼고 기형이 되어 걷지도 뛰지도 못하게 된다. 잘 맞는 신발, 커질 때 커지는 것에 맞는 신발을 준비해줘야 한다.[5]

2016년 1월, 세계경제포럼에서 「직업의 미래The Future of Jobs」라는 보고서가 발표되면서 제4차 산업혁명이 근미래에 도래할 것으로 전망했다. 그러나 여전히 제4차 산업혁명이 무엇인지 불확실하다. 불확실하다는 점만이 확실하다. 미국 상무부는 사물인터넷을 제4차 산업혁명의 중요한 특징으로 제시했고, 2016년 알파고와 이세돌의 대결 이후 많은 사람이 인공지능을 제4차 산업혁명의 핵심으로 주장해왔을 뿐이다. 1980년 앨빈 토플러Alvin Toffler가 『제3의 물결 The Third Wave』을 출간했을 때는 명확했다. 믿건 믿지 않건 정보 혁명이 온다는 것이 핵심이었고, 증기 기관에 의한 철도 혁명(제1차 산업혁명), 전기 네트워크에 의한 대량생산 혁명(제2차 산업혁명)에 이어 컴퓨터와 인터넷, 모바일에 의한 제3차 산업혁명은 현실이 되었다.

블록체인, 암호 화폐가 혹시 제4차 산업혁명의 핵심이 아닐까 하는 생각을 불러일으키기도 한다. 「직업의 미래」의 부록에서는 800명의 비즈니스 리더들에게 21개의 기술적 진보에 대해서 질문한 결과를 제시하고 있는데, 블록체인과 관련해 2025년까지 일어날 두 가지 사건을 예측했다. 응답자 중 58퍼센트가 세계 GDP의 10퍼센트가 블록체인 기술로 저장될 것이라고 응답했고, 73퍼센트는 세금을 블록체인을 통해 걷는 정부가 처음으로 나타날 것이라고 응답했다. 다수의 응답이 꼭 현실이 되는 것은 아니지만 세계경제포럼이 블록체인을 제4차 산업혁명의 한 기술로 거론했다는 점은 적어도 기억할 필요가 있다.

인공지능은 '혁명'을 일으키는 기술은 아니다. 제3차 산업혁명 시대에 태어난 기업인 아마존, 구글, 페이스북, 네이버, 카카오가 열심히 인공지능을 주창하는 것을 보면 알 수 있다. 인공지능은 혁명적 기술이 아니라 '기존 구조를 더욱 강하게 만들어주는 기술Empowering Technology'이다. 그러나 블록체인 기술은 다르다. 아마존 클라우드 서비스 책임자가 블록체인의 쓸모를 아직 못 찾았다고 논평했는가 하면, 페이스북 최고 경영자 마크 저커버그Mark Zuckerberg는 암호 화폐를 연구할 것이라고 뒤늦게 이야기했다. 인공지능 특이점의 주창자이기도 한 구글의 기술 이사 레이 커즈와일Ray Kurzweil은 비트코인에 투자하지 않을 것이라고 말했다.

그렇게 주저하는 사이 "암호 화폐 리플 설립자가 오라클과 구글 CEO보다 부자"[6]라는 기사까지 나왔다. 제3차 산업혁명 시대에 급성장한 회사들이 떨떠름하게 블록체인, 암호 화폐 기술과 산업에 대해서 생각을 거듭하고 주저하는 동안, 20대들이 새로운 혁명을 주도하고 있는 것은 아닐까? 1994년생인 비탈릭 부테린Vitalik Buterin은 21세에 스마트 컨트랙트 기능을 갖춘 암호 화폐이자 클라우드 컴퓨팅 플랫폼인 이더리움Ethereum을 설계했다. 논란의 인물인 우지한吳忌寒도 1986년생으로, 27세에 세계 최대 비트코인 채굴 종합회사 비트메인Bitmain을 설립했다. 스티브 잡스는 21세에 애플을 세웠고, 저커버그는 20세에 페이스북을 창업했다. 동갑내기 세르게이 브린과 래리 페이지는 25세에 구글을 공동 설립했다.

비트코인 논문이 발표된 지 10년이 되어가는 사이에 비트코인을 제목으로 하는 학술 논문이 적어도 4000편 이상 발표됐다. 이런 실체를 단순히 사기, 그것도 '난해하고 우아한 사기'로 단정할 수 있을까? 노벨경제학상을 받은 폴 크루그먼Paul Krugman은 2018년 1월, 《뉴욕타임스》에 "거품, 거품, 사기, 골칫거리Bubble, Bubble, Fraud and Trouble"라는 제목으로 비트코인과 암호 화폐를 비판했다. 그러나 크루그먼이 1998년에 7년 후인 2005년을 예측하면서 "인터넷이 경제에 미치는 영향은 팩시밀리가 미칠 영향보다 크지 않을 것"이라고 했다가 조롱을 받고 있다는 사실도 같이 기억해야 할 것이다. 아직은 그 누구도 알 수 없는 것이다.

아직 잘 모를 때는 어떻게 해야 하는가? 또 다른 노벨경제학상 수상자 더글러스 노스에게서 배울 필요가 있다. 다양한 사고와 창조적 경쟁을 허용하자. 이러한 문화가 외부 환경 변화에 따른 사회의 적응 효율성을 높여 경제적 성과를 높일 것이다. 불확실성이 큰 환경에서는 달리 대안이 없다. 제4차 산업혁명과 마찬가지로 스마트한 소통 세계가 어떤 모습으로 우리에게 다가올지, 어떤 기술이 이를 주도할지, 우리는 아직 모른다. 모른다는 것을 겸허히 인정하자. 단정 짓지 말자. 다만 다양한 사고와 창조적 경쟁을 허용하자.[7]

주

1장

1   McLuhan, M. and Lapham, L. H., *Understanding Media: The Extensions of Man* (The MIT Press, 1994).

2   이경전, 전정호, "레시피 추가하는 만능 밥솥처럼 똑똑한 사물들, 기능 혁명 일으키다", 《동아비즈니스리뷰》, 제159호, 2014. 8.: pp.59-65.

3   저자들은 '콘텐츠'보다 '컨텐트(content)'가 더 정확한 용어라고 생각하나, 본 서에서는 현 국립국어원의 권고에 따라 콘텐츠로 표기한다.

4   이경전, "사이버스페이스 측면의 VR과 AR", 《KISA Report》, 2015. 8.: pp.32-37.

5   김주환, "[서평] 코드: 사이버 공간의 법 이론", 《동아일보》, 2002. 3. 15.

6   McCluskey, A., "Does cyberspace exist? Interview with Andrea Monti", *Connected Magazine*, February 25, 2001. (http://www.connected.org/is/andrea.html)

7   Graham, M., "Geography/Internet: Ethereal Alternate Dimensions of Cyberspace or Grounded Augmented Realities?", *The Geographical Journal*, Vol. 179, No. 2, 2013.: pp.177-182.

8   Patella-Rey, PJ, There is No "Cyberspace", February 1, 2012. (https://thesocietypages.org/ cyborgology/2012/02/01/there-is-no-cyberspace/); Lind, M., "Stop pretending cyberspace exists: Treating the Internet

as a mythical country makes us dumber", *Salon*, February 13, 2013. (https://www.salon.com/2013/02/12/the_end_of_cyberspace/); Guarino, A., "Cyberspace does not exist", Strange Loops, January 17, 2015. (http://www.studioag.pro/en/2015/01/la-nuvola-non-esiste/).

9   Boisot, M., *Knowledge Asset: Securing Competitive Advantage in the Information Economy* (Oxford University Press, 1998).

10 McLuhan, M. and Lapham, L. H., *Understanding Media: The Extensions of Man* (The MIT Press, 1994).

11 김난도, 전미영, 이향은, 이준영, 김서영, 최지혜, 이수진, 서유현, 『트렌드 코리아 2018』, 미래의창, 2017.

12 Mulder, A., "Media", *Theory, Culture & Society*, Vol. 23, No.2-3, 2006.: pp.289-306.

13 Bolter, J. D. and Grusin, R., *Remediation: Understanding New Media* (MIT Press, 1999).

2장

1   기본적으로 생존의 본능이 없는 사물은 지능이 있을 수 없다. 생명체만이 지능을 가지게 된다. 이와 관련된 흥미로운 논의는 이대열의 『지능의 탄생』(바다출판사, 2017) 참조.

2   이경전, "인터넷의 직격탄 맞은 미디어 산업 O2O 통해 위기를 기회로 바꾸자",《동아비즈니스리뷰》, 제184호, 2015. 09.: pp.60-69.

3   이경전, "스마트홈 산업 트렌드 및 전망",《KISA Report》, 2015. 10.: pp.3-12.

3장

1   이경전, 전정호, "레서피 추가하는 만능 밥솥처럼 똑똑한 사물들, 기능 혁명 일으키다",《동아비즈니스리뷰》, 제159호, 2014. 8.: pp.59-65.

2   'Smart Connected Product'를 이 책에서는 '스마트 제품'으로 명명한다.

3   Porter, M. E. and Heppelmann, J. E., "How Smart, Connected Products Are Transforming Competition", *Harvard Business Review*, November

2014.

4   이경전, 전정호, "고도 정보 연계 사회의 구축을 위한 SPB(Seamlessness-
    Privacy-Benefit) 패러다임", 《한국IT서비스학회지》, 제11권, 제2호, 2012. 6.:
    pp.131-146.

5   전정호, 박현수, 이경전, "근거리 무선 통신 기반의 유비쿼터스 고객 관계 관
    리 시스템의 설계 및 분석", 《Information Systems Review》, 제14권, 제1호,
    2012. 04.: pp.37-65.

6   Lusch, R. and Vargo, S., "Service Dominant Logic: Reactions, Reflections,
    and Refinements", *Marketing Theory*, Vol.6, No.3, 2006.: pp.281-288.

7   이경전, "사물인터넷 시대의 경영, 전환인가 창조인가?", 《하버드비즈니스리
    뷰코리아》, 2014. 11.: pp.136-138.

8   이경전, "IoT 시대, 매출만큼 데이터에 민감한 기업이 성공한다", 《하버드비
    즈니스리뷰코리아》, 2015. 10.: pp.143-147.

9   Hammer, M., "Reengineering Work: Don't Automate, Obliterate",
    Harvard Business Review, July-August 1990.

10 Porter, M. E. and Heppelmann, J. E., "How Smart, Connected Products
    Are Transforming Companies", *Harvard Business Review*, December
    2015.

11 Hammer, M., "Reengineering Work: Don't Automate, Obliterate",
    Harvard Business Review, July-August 1990.

12 Johnson, M. W., Christensen, C. M. and Kagermann, H., Reinventing
    Your Business Model, *Harvard Business Review*, December 2008.

13 Porter, M. E. and Heppelmann, J. E., "How Smart, Connected Products
    Are Transforming Competition", *Harvard Business Review*, November
    2014.

14 이경전, 전정호, "레서피 추가하는 만능 밥솥처럼 똑똑한 사물들, 기능 혁명
    일으키다", 《동아비즈니스리뷰》, 제159호, 2014. 8.: pp.59-65.

15 Porter, M. E. and Heppelmann, J. E., "How Smart, Connected Products
    Are Transforming Companies", *Harvard Business Review*, December
    2015.

16 Lusch, R. and Vargo, S., "Service Dominant Logic: Reactions, Reflections, and Refinements", *Marketing Theory*, Vol. 6, No. 3, 2006.: pp.281-288.

17 이경전, 전정호, "레서피 추가하는 만능 밥솥처럼 똑똑한 사물들, 기능 혁명 일으키다",《동아비즈니스리뷰》, 제159호, 2014. 8.: pp.59-65.

18 이경전, "[시론] 스마트 커넥티드 월드에서 한국이 앞서가려면",《서울신문》, 2016. 3. 11.

19 이경전, "사물인터넷 시대의 경영, 전환인가 창조인가?",《하버드비즈니스리뷰코리아》, 2014. 11.: pp.136-138.

20 Porter, M. E. and Heppelmann, J. E., "How Smart, Connected Products Are Transforming Competition", *Harvard Business Review*, November 2014.

4장

1 이경전, "[전문가 포럼] 마술처럼 스마트하고 지속가능한 소통하기",《한국경제》, 2017. 7. 13.

2 Kim, H., Lee, K. and Kim, J., "A Peer-to-Peer CF-Recommendation for Ubiquitous Environment", *Lecture Notes in Computer Science*, Vol.4088, 2006.: pp.678-683.

3 이경전, "[전문가 포럼] '포노사피엔스' 시대의 사용자 중심 혁명",《한국경제》, 2017. 8. 22.

4 Lee, K. J., Jeong, M. and Ju, J., "Seamlessness & Privacy Enhanced Ubiquitous Payment", *Lecture Notes in Computer Science*, Vol. 4082, 2006.: pp.143-152.

5 전정호, 이경전, "마케팅 메시지로서의 지식: Human-Reader 기반의 개인 경험 관리 비즈니스 모델 설계 및 분석",《지능정보연구》, 제16권, 제1호, 2010. 3.: pp.17-43.

6 전정호, 박현수, 이경전, "근거리 무선 통신 기반 유비쿼터스 고객 관계 관리 시스템의 설계 및 분석",《Information Systems Review》, Vol. 14, No. 1, 2012. 4.: pp.37-65.

5장

1   이경전, "세계경제포럼의 4차 산업혁명",《KISA Report》, 2016. 2.

6장

1   이경전, 최형광, 전정호, "유비쿼터스 공간 구축을 위한 모바일 RFID 시스템의 경제성 평가에 대한 연구: 태그 기반 평가 모델을 중심으로",《한국IT서비스학회지》, 제10권, 제2호, 2011. 6.: pp.189-202.

2   Lee, K. J. and Park, A., "Service Design based on IoT and Technology Comparison for Fine Art Gallery", International Joint Conference on e-Business and Telecommunications(ICETE 2017), Madrid, Spain, 2017.

3   전정호, 최명희, 이경전, "근접 무선 통신 기반 박람회 지원 서비스의 구축 및 운영: 모터쇼 적용 사례",《한국IT서비스학회지》, 제13권, 제2호, 2014. 6.: pp.83-97.

4   Park, A., Jun, J. and Lee, K. J., "Customer-Driven Smart and Sustainable Interactions in Conventions: The Case of Nestlé's Smart Button Adoption", *Sustainability*, Vol. 9, No. 11, 2017.: pp.01-13.

5   Eyal, N. and Hoover, R., *Hooked: How to Build Habit-Forming Products* (Portfolio, 2014).

6   이경전, 전정호, "고도 정보 연계 사회의 구축을 위한 SPB(Seamlessness-Privacy-Benefit) 패러다임",《한국IT서비스학회지》, 제11권, 제2호, 2012. 6.: pp.131-146.

7   강경민, "유명무실한 서울시 승용차 요일제, 전자 태그 떼면 단속할 방법 없어...폐지 등 전면 개선 검토",《한국경제》, 2014. 2. 10.

8   김동규, "하이패스, 도입 10년 만에 이용률 80퍼센트 넘어",《연합뉴스》, 2017. 7. 5.

7장

1   Bolter, J. D. and Grusin, R., *Remediation: Understanding New Media* (The MIT Press, 1998).

2   이경전, "포켓몬 GO를 통한 경영 시사점과 연구 이슈: O2O, AR, 게임, 그리

고 플랫폼", 《씨퓨처(See Futures)》, Vol. 12, Fall 2016.: pp.22-25.

3   TechCrunch, "Why Online2Offline Commerce Is A Trillion Dollar Opportunity", August 8, 2010.(https://techcrunch.com/2010/08/07/why-online2offline-commerce-is-a-trillion-dollar-opportunity/)

4   Urry, J., *Mobilities* (Polity Press, 2007).

5   이경전, "새 거래 창출해야 '결제 서비스'가 산다. 진통제 역할이든 새 습관 형성이든…", 《동아비즈니스리뷰》, 제212호, 2016. 11.: pp.38-42.

6   유재석, 이경전, "핀테크? 새로운 거래 일으켜야 성공할 것", 《마이크로소프트웨어》, 2015. 4. (http://maso.kr/?p=2246).

7   Kim, W. C. and Mauborgne, R., *Blue Ocean Strategy: How to Create Uncontested Market Space and Make Competition Irrelevant* (Harvard Business Review Press, 2005).

8   Park, A. and Lee, K. J., "Critical Success Factor of Noble Payment System: Multiple Case Studies", *Journal of Intelligence and Information Systems*, Vol. 20, No. 3, 2014. 12.: pp.58-87.

9   이경전, 전정호, 이현석, 판유, 조용태, "유무선 전화 결제가 디지털 콘텐츠 산업 및 시장에 미친 영향 분석", 《인터넷과 정보 보호(Internet and Information Security)》, Vol. 3, No. 1, 2012.: pp.64-88.

10 김창욱, "애플 페이 성공할까? 보급 쉽지 않다", 《전자신문》, 2014. 9. 11.

11 이경전, "새 거래 창출해야 '결제 서비스'가 산다. 진통제 역할이든 새 습관 형성이든…", 《동아비즈니스리뷰》, 제212호, 2016. 11.: pp.38-42.

12 Eyal, N. and Hoover, R., *Hooked: How to Build Habit-Forming Products* (Portfolio, 2014).

13 Barabási, A., *Linked: The New Science of Networks* (Perseus Books Group, 2002).

14 Ronald, C., "The Nature of the Firm", *Economica*, Vol. 4, No. 16, 1937.: pp.386-405.

15 Williamson, O., *Markets and Hierarchies: Analysis and Antitrust Implications* (The Free Press, 1975).

16 Adler, P. S., "Market, Hierarchy, and Trust: The Knowledge Economy

and the Future of Capitalism", *Organization Science*, Vol. 12, No. 2, 2001.: pp.215-234.

8장

1   이경전, "버튼 인터넷(Button Internet)이 온다",《KISA Report》, 2016. 6.: pp.20-28.

2   Park, A., Chang, H. and Lee, K. J., "Action research on development and application of internet of things service in hospital", *Healthcare Informatics Research*, Vol. 23, No. 1, 2017.: pp.25-34.

3   이경전, "[Biz Focus] 신문 볼 때·쇼핑할 때…AI, 상상만 하지 말고 활용하라",《매일경제》, 2017. 11. 24.

4   Lee, K. J. and Seo, Y., "Design of a RFID-Based Ubiquitous Comparison Shopping System", *Lecture Notes in Artificial Intelligence*, Vol. 4251, 2006.: pp.1251-1267.

5   Heo, M. and Lee, K. J., "Chatbot as a New Business Communication Tool: The Case of Naver TalkTalk", *Business Communication Research and Practice*, Vol. 1, No. 1, 2018.: pp.41-45.

9장

1   이경전, 전정호, "고도 정보 연계 사회의 구축을 위한 SPB(Seamlessness-Privacy-Benefit) 패러다임",《한국IT서비스학회지》, 제11권, 제2호, 2012. 6.: pp.131-146.

2   윤병철,『조선, 말이 통하다: 민중과 사대부, 그들의 이데올로기와 커뮤니케이션 전략』, 커뮤니케이션북스, 2006.

3   Lee, K. J. and Lee, J., "Design of Ubiquitous Referral Marketing: A Business Model and Method", *Lecture Notes in Computer Science*, Vol. 4082, 2006. 9.: pp.103-112.

4   이경전, 윤은정, "디스플레이와 모바일 디바이스간의 연결완전성을 구현한 U-Media Business Model 설계",「2007 추계 한국지능정보시스템학회 학술대회 논문집」, 2007.: 윤은정, 이경전, "모바일 단말과 연동하는 IPTV

시대의 U-디스플레이 Business Model 설계", 《텔레커뮤니케이션리뷰 (Telecommunications Review)》, 제19권, 제2호, 2009.

5   Park, A., Lee, K. J. and Casalegno, F., "An Open Business Model for Simple Augmented Book Integrated with Mobile Phone", The 10th Annual Conference International Academy of E-Business, San Francisco, April, 2010.; 박아름, 이경전, "유비쿼터스 시대의 출판에 대한 통합적 시각: U-Publication 정의 및 e-Book과의 관계", 《한국출판학연구》, 제35권, 제1호, 2009, pp.105-138.; Park, A., K. J. Lee, and F. Casalegno, "The Three Dimensions of Book Evolution in Ubiquitous Computing Age: Digitalization, Augmentation, and Hypermediation", 2010 IEEE International Conference on Sensor Networks, Ubiquitous, and Trustworthy Computing, June, 2010.

6   최명희, 전정호, 강희구, 이경전, "다양한 유틸리티 태그를 활용한 컨벤션 서비스 시스템 적용 사례: 2013 오송 화장품·뷰티 세계박람회를 중심으로", 《Information Systems Review》, Vol. 15, No. 3, 2013. 12.: pp.111-128.

7   Han, H., Park, A., Chung, N. and Lee, K. J., "A Near Field Communication Adoption and its Impact on Expo Visitors' Behavior", *International Journal of Information Management*, Vol. 36, No. 6, 2016.: pp.1328-1339.

8   Park, A., Han, J. Y. and Lee, K. J., "IoT-based Omni Channel Service for Smart Exhibition and Value of Data", The 19th International Conference on Electronic Commerce, Pangyo, Korea, 2017.

10장

1   박지성, "'제2의 퀄컴' 시그폭스 왜 한국진출을 택했나", 《디지털타임스》, 2015. 3. 4.

2   신동형, "'저성능'의 '소물' 인터넷이 IoT의 지평 넓힌다", 《엘지비즈니스인사이트(LG Business Insight)》, 2015. 2. 4.: pp.13-18.

3   이경전, "[경제 view &] 공유경제, 거스를 수 없는 커다란 흐름", 《중앙일보》, 2017. 11. 13.

4   이경전, "[전문가 포럼] 대한민국 봉부(奉府)론", 《한국경제》, 2016. 11. 22.

후기

1   James Somers, "Is AI Riding a One-Trick Pony?", *MIT Technology Review*, September 29, 2017.(https://www.technologyreview.com/s/608911/is-ai-riding-a-one-trick-pony/).

2   이경전, "[전문가 포럼] 인공지능, 야구하듯이 하라",《한국경제》, 2018. 3. 26.

3   이경전, "[전문가 포럼] 한글, 싸이월드, 네이버의 엇갈린 운명",《한국경제》, 2017. 6. 9.

4   이경전, "[전문가 포럼] 추격의 추억에서 벗어나야 할 때",《한국경제》, 2017. 11. 2.

5   이경전, "[시론] 스마트 커넥티드 월드에서 한국이 앞서가려면",《서울신문》, 2016. 3. 11.

6   임유경, "암호화폐 전성시대…리플 설립자, 오라클·구글 CEO보다 부자",《지디넷》, 2018. 1. 5.

7   이경전, "[전문가 포럼] 다양한 사고와 창조적 경쟁을 허용하자",《한국경제》, 2018. 2. 2.

버튼 터치 하트

AI 시대, 생산과 소비 그리고 관계의 미래

초판 1쇄 인쇄 2018년 11월 7일
초판 1쇄 발행 2018년 11월 16일

지은이 이경전 · 전정호
펴낸이 신경렬

편집장 송상미
책임편집 정혜지
마케팅 장현기 · 정우연 · 정혜민
디자인 박현정
경영기획 김정숙 · 김태희
제작 유수경

교정교열 박혜영 | 디자인 씨디자인 · 김경진

펴낸곳 ㈜더난콘텐츠그룹
출판등록 2011년 6월 2일 제2011-000158호
주소 04043 서울시 마포구 양화로12길 16, 7층(서교동, 더난빌딩)
전화 (02)325-2525 | 팩스 (02)325-9007
이메일 book@thenanbiz.com | 홈페이지 www.thenanbiz.com